AF404239

PAUL HAMELLE

La

CRISE SUD-AFRICAINE

I. AU TRANSVAAL. — II. A WESTMINSTER

III. L'AGONIE D'UN PEUPLE

PARIS

LIBRAIRIE FISCHBACHER

Société Anonyme

33, RUE DE SEINE, 33

—

1901

Tous droits réservés

La Crise Sud-Africaine

DU MÊME AUTEUR :

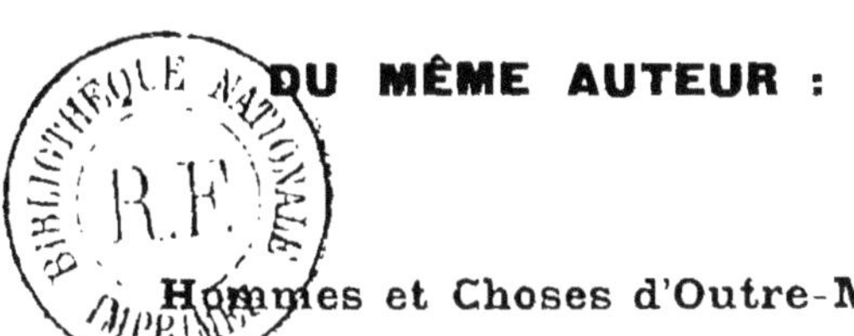

Hommes et Choses d'Outre-Mer.

W. E. GLADSTONE. — LA QUESTION D'IRLANDE. — UNE FRONDE ANGLAISE.

UN DÉMOCRATE-TORY. — TROIS ALERTES. — LE PREMIER DU CANADA.

UN ANGLAIS D'AUJOURD'HUI.

1 volume in-12, avec autographes de W. Laurier, W. E. Macartney,
Cécil Rhodes. 1899. . . . .   **3 50**

Paris, Librairie Fischbacher

PAUL HAMELLE

La
CRISE SUD-AFRICAINE

I. AU TRANSVAAL. — II. A WESTMINSTER

III. L'AGONIE D'UN PEUPLE

PARIS

LIBRAIRIE FISCHBACHER

Société Anonyme

33, RUE DE SEINE, 33

1901

Tous droits réservés

AVANT-PROPOS

Au moment même ou ces pages allaient paraître, un grave évènement s'est produit : la mort
presque subite de Victoria, reine de la Grande-
Bretagne, Impératrice des Indes.

En tout temps, la fin d'une souveraine ayant
occupé, pendant plus de soixante ans, le trône
d'un des plus vastes empires du monde, aurait eu
un retentissement considérable, mais les circons-
tances dans lesquelles cette fin s'est produite,
nous semblent particulièrement propres à frapper l'imagination des peuples.

Voici 16 mois que toutes les forces du Royaume-
Uni sont engagées dans une lutte sans merci,
contre un petit peuple qui, à l'heure qu'il est,
dispose au plus de 12 à 15000 combattants.
Quand, au mois d'Octobre, 1899, la guerre fut
déclarée, il ne s'agissait, d'après les principaux
organes de la presse anglaise, que d'une simple

promenade militaire : les officiers avaient annoncé qu'ils passeraient les fêtes de Noël à Prétoria. Six mois plus tard, lorsque de sanglantes défaites eurent rendu évidente la nécessité d'un grand effort, lorsque, après l'envoi de renforts considérables, Kronjé, enfin fut pris, Mafeking, Kimberley et Ladysmith furent délivrées, l'Angleterre se crut victorieuse et célébra son triomphe de la façon bruyante que l'on sait. Tout dernièrement encore, un comité s'était formé dans le but d'offrir une épée d'honneur à Lord Roberts, celui qu'on regardait comme l'organisateur de la victoire. A son tour la souveraine voulut entretenir le vieux général qui, avant de quitter le sol africain, pour rentrer dans ses foyers, avait déclaré, disait-on, que la guerre était virtuellement terminée (practically over). Que s'est-il passé dans ce tête-à-tête suprême entre Lord Roberts et la reine Victoria ? Lui aurait-il révélé le véritable état des choses, cet état que laissent entrevoir dans leur ambiguité voulue, les dépêches officielles ? Lui a-t-il avoué ce qui est aujourd'hui une vérité reconnue : que si grand qu'il soit, le nombre des combattants est encore insuffisant pour l'immense étendue du territoire sur lequel ils doivent évoluer ? Alors que, chaque jour, on nous donne la liste des

pertes anglaises : tués ou morts de maladie, blessés ou disparus, lui a-t-il montré le vampire
africain suçant, aspirant peu à peu l'or et le sang
du peuple anglais, toutes les forces vives de
l'Empire ?... Nous l'ignorons, puisque l'entrevue
n'eut pas de témoins. Ce que nous savons, c'est
que peu de jours après, les journaux officieux
annonçaient à mots couverts une grave indispo-
sition de la Reine. Le lendemain même, son cas
était considéré comme désespéré et, quatre jours
plus tard, le 23 Janvier, on apprenait à ses sujets
et au monde, qu'elle avait cessé de vivre.

De toutes parts, ont afflué les témoignages de
sympathie, les hommages à la mémoire de la
grande souveraine dont le long règne a vu, dans
tous les domaines : colonial, maritime, commercial, littéraire, l'essor incomparable de la puissance et du génie anglais. Toutefois, n'est-il pas
permis de penser qu'en raison même de sa
politique, jusque-là constamment heureuse, les
revers de la dernière heure ont dû lui être
particulièrement sensibles, ces revers si humi-
liants pour le peuple orgueilleux dont elle fut
pendant les deux tiers du siècle, comme la
vivante incarnation ? Blessée dans sa fierté
d'impératrice, elle a pu l'être plus intimement
encore dans sa conscience de femme et de chré-

tienne. En effet, si elle n'a pas voulu la guerre scélérate, elle l'a soufferte : constitutionnelle jusqu'à la complicité du crime, non seulement elle n'a rien fait pour prévenir la lutte, mais, à aucun moment, elle ne s'est servie de sa haute influence pour l'abréger, ou pour en atténuer les horreurs. Faisons-nous donc injure à sa mémoire en supposant qu'elle n'a pu supporter le spectacle de la victime se débattant, sous le couteau, avec une si farouche énergie et vendant si cher son égorgement ?... Après le jubilé de 1897, apogée de son règne (que n'en fut-il le terme !) Celle qui pendant plus de soixante ans, avait justifié son nom de Victoria, s'est vue mourant avec, — sur la main, — la tache de sang de Lady Macbeth, cette petite tache élargie, chaque jour, du sang que, peut-être, elle n'avait pas voulu répandre mais dont elle s'était laissé éclabousser. Ainsi, survenue à cette heure sombre, la mort de la Reine nous apparaît comme l'œuvre de la nature aidée par les soucis, l'angoisse et les remords, et l'histoire, répétant la naïve expression d'un paysan russe illettré, dira peut-être un jour que, par un effet de la justice immanente, Victoria est morte du Transvaal.

14 février 1901.

AU TRANSVAAL

LA CRISE SUD-AFRICAINE

AU TRANSVAAL

Lilliput a jeté son gant à Gulliver, et M. Chamberlain est satisfait : il a sa guerre.

Du duel inégal qui commence, le territoire de Gulliver sortira vraisemblablement agrandi. Sa bonne renommée dans le monde en sera-t-elle accrue ? cela est plus douteux. L'Europe, spectatrice anxieuse, a fait voir que ses sympathies n'allaient pas au colosse. Mais, des sympathies ou des antipathies platoniques d'une Europe qui n'a pas conquis en Arménie et en Crète le droit de se montrer sévère, le colosse n'a cure. Gulliver est un réaliste. Il ne refuse pas de siéger aux conférences de paix, et de signer, par convenance, les déclarations philanthropiques qui sont de la poudre jetée aux yeux des peuples. Mais il garde sa liberté, ses balles dumdum et son guide : l'intérêt. Dès lors, pour lui, une seule question : cette guerre sera-t-elle une bonne affaire ?

Et d'abord, quelle affaire est-ce ? Cela seul, l'exposé de ses origines, de ses causes, de ses débuts, des phases préparatoires d'où nous sortons peut nous l'apprendre. Il semblera chose froide en face du drame vivant qui ensanglante la brousse. Il n'en est pas moins la préface nécessaire à l'intelligence des événements en marche, qui nous permet d'en préciser le caractère, et d'en pressentir la portée.

Ramenée à ses termes simples, la question du Transvaal se formulerait ainsi :

Un peuple de quatre-vingt mille paysans hollandais peut-il adopter en bloc deux cent mille

étrangers [1] sans compromettre son individua-
lité ?

Deux cent mille étrangers peuvent-ils se laisser faire la loi — loi plutôt dure — par quatre-
vingt mille paysans hollandais, sans protester,
et l'État de qui la plupart de ces étrangers ressor-
tissent peut-il tolérer cette domination, sans
intervenir, surtout quand cet État est l'Angleterre, c'est-à-dire une puissance qui a fait sienne
et applique avec une rigueur heureuse, sur tous les
points du globe, l'antique *Civis romanus sum*,
modifié à l'usage saxon, qui règne sur un monde
colonial bien plus par le prestige du nom anglais
que par la force dont il est le signe ?

L'enjeu est gros de part et d'autre. C'est pour
le Transvaal l'existence et pour l'Angleterre
l'Afrique australe, sinon l'Empire. Partie unique

[1] Voici les chiffres que nous fournit le Staats Almanak
de 1899 :

     Population blanche, totale....... 288,750

qui se décompose ainsi :

     Uitlanders..................... 210,674

     Boers......................... 78,078

Proportion : 73 Uitlanders contre 27 Boers.

qui révèle des aspects singulièrement divers dès qu'on la fixe de près : tout ensemble, haut problème ethnologique, politique, social, querelle supérieure où l'attitude des deux antagonistes semble réglée d'avance par les nécessités de sa position, de son histoire, de son génie, choc idéal de droits contraires et heurt grossier d'intérêts opposés et de passions fort terre à terre. Cette affaire est pour étonner et déconcerter. On y devine des dessous ténébreux, inquiétants, comme à ces mines précieuses sans lesquelles elle ne serait pas. De fauves visions d'or la traversent, l'éclairent fâcheusement. On y pressent, sous les phrases pompeuses des philanthropes, le jeu de spéculateurs à qui toute action n'a de valeur que celle qu'on lui donne à la Bourse.

Par-dessus tout, l'ironie y triomphe, souveraine. N'y voit-on pas, par un renversement de toutes les idées reçues et au mépris de la logique et de la tradition, les tories en Angleterre, jeter feu et flamme contre la réaction krugériste, menacer de destruction la petite république patri-

cienne, un peuple dont tout le crime est de s'administrer suivant les principes du plus pur torysme insulaire, faire appel au marteau impérial pour écraser la noisette transvaalienne?..
— d'autre part, des libéraux pleins d'indulgence pour les conservateurs d'Afrique, défendre — en apparence du moins — un régime qui refuse à la majorité, ce suffrage qu'un lord Salisbury exige pour elle, et, chef-d'œuvre du paradoxe politique, l'Angleterre elle-même, mettant son point d'honneur à faire perdre à des Anglais leur qualité d'Anglais, à « débritanniser » des Bretons ?

Toutes ces anomalies, toutes ces contradictions, l'histoire de la crise nous en donnera la clef... peut-être.

*
* *

Dans un récent discours à Birmingham, M. Chamberlain nous dit que la question du Transvaal a vingt ans. Elle nous semble, à la fois, un peu plus jeune et beaucoup plus vieille.

Elle date du premier coup de pique, — malheureux, — qui mit à nu dans les profondeurs du sol transvaalien la gangue d'or corrupteur ; plus haut encore, du jour où une troupe de paysans chasseurs, montés sur leurs chariots, fuyait le Cap, passait la rivière Vaal, et jetait les bases du petit Etat libre qui serait un obstacle à l'unification anglaise de l'Afrique australe.

Car tel est le rêve obstiné de l'Angleterre depuis qu'elle a mis pied sur la terre du Cap. La nature lui donnait l'exemple. Cette terre, géographiquement une, est propice aux croisements. Le Hollandais s'y était allié, sans heurt, au réfugié huguenot, à l'immigrant germain, à l'aventurier danois. De cette première rencontre était sortie une population solide, quand le Saxon, par droit de conquête diplomatique, prit possession du Cap. Entre l'ancien et le nouvel occupant, le rapprochement s'était vite fait et s'accentuait quotidiennement. Des alliances de familles mêlaient les sangs, préparaient incessamment l'union des races. Les différences entre elles allaient s'atténuant, une nation nouvelle venait à la vie, la nation sud-africaine, œuvre du temps, de la patience et de l'amour [1]. Déjà ce terme d'Africain (Afrikander) ne vise plus une création possible de l'avenir, le type existe : colon, par son loyalisme, il ressemble au Canadien, à l'Australien ; il diffère d'eux par le tempérament, par l'allure physique et morale. La douce sauvagerie du Veldt lui a façonné une âme à son image : âme d'énergie et de rêve. En lui, le goût de l'action s'allie à l'humeur contemplative. Voilà le trait local qui fait vraiment frères ces hommes de provenance variée, réunis depuis deux ou trois générations sur le même point du globe, et leur donne une physionomie spéciale dans la grande famille anglo-saxonne.

Certes, cette nation double laisse encore trans-

1. « L'amour, non au figuré, mais au propre, efface chaque jour un peu la ligne de démarcation entre les deux races..... Dans la colonie, il est peu de familles qui n'aient contracté d'alliances anglaises ou hollandaises. Encore une génération, et la fusion sera complète. »

(OLIVE SCHREINER.

paraître ses deux sources, hollandaise et anglaise, comme ces fleuves mixtes, faits de courants jumeaux dont les eaux, bien au-delà du point de jonction, trahissent, à la diversité des teintes, deux origines différentes. Tout de même le fleuve coule ; la nation sud-africaine grandit.

L'Africain de souche saxonne a deux patries, auxquelles il a voué deux amours de nuance distincte : la terre où il est né, cette Afrique australe d'un charme si puissant avec ses horizons immenses, ses kopjes, ses brousses, sa noble solitude, la jeune patrie chérie d'une affection toute rayonnante d'orgueil et d'espérance, et l'autre, la vieille patrie, le home ancestral, aimé plus gravement, presque religieusement, et fièrement aussi, l'Angleterre.

> La chère petite île,
> Notre cœur dans la mer.

L'Africain hollandais, non moins attaché au sol natal que son concitoyen, n'est pas loin de partager son culte de la métropole anglaise qu'il adopta. Nous retrouvons en lui pour elle le même sentiment de respect, dépouillé seulement de sa poésie. Il vit de la même vie spirituelle que l'Anglais, aspire au même avenir, reçoit la même culture. Et quand il est riche et voyage comme l'Anglais pour compléter son éducation, il reconnaît qu'il est devenu anglais. « En Hollande, raconte un vieux Sud-Africain hollandais, je me sentis étranger, de même en Allemagne, de même en France. En débarquant en Angleterre, je dis : Je suis chez moi ».

*
* *

Il y a donc un peuple africain : Afrikander, comme il se nomme. Mais, à cette création naturelle reste à donner la consécration politique. Il faut proclamer l'événement, c'est-à-dire la fédération, dont toutes les pièces existent, entre le Zambèze et la baie de la Table. Mais quand il s'est agi de mettre le nom sur la chose en fondant ces Etats-Unis d'Afrique, l'Angleterre s'est heurtée à un obstacle : le Transvaal bloquait la route (1).

Ce Transvaal gêneur, ce n'était plus le petit

(1) Voir « Trois Alertes » dans *Hommes et Choses d'Outre-Mer*, p. 273 et suiv.

état libre d'il y a quarante ans environ, improvisé dans la solitude du Veldt par quelques trekkers, fermiers et chasseurs, rudes conquérants de ce sol qu'ils firent leur, doublement, en une lutte quotidienne contre la nature et contre l'homme. Avec cette république primitive, on avait bien eu, par ci par là, maille à partir ; on lui avait, par méprise ou dol, ravi son indépendance ; on la lui avait restituée par sagesse ou nécessité, en vertu d'énigmatiques conventions dont on ne sait au juste si elles le laissent souverain ou vassal. Non, il s'agit d'un Transvaal nouveau, d'un Transvaal métamorphosé, comme d'un coup de baguette dorée, devenu brusquement un des principaux personnages de ce monde sud-africain en formation, si bien qu'on ne saurait en faire l'unité sans lui, et que, s'il la repousse, il faudra la faire contre lui.

Aurum irrepertum, sic melius situm: c'est l'or indécouvert qui est le mieux placé[1]. Le Trans-

1. *Contemporary Review :* The Conservatism of President Kruger (Herbert Paul).

vaal fait aujourd'hui l'expérience de cette vérité. La découverte des mines d'or l'ont révolutionné. Rien qui ressemble ici au continuel et mince filet d'immigration venant, du monde extérieur, aboutir à l'Afrique, assez neuve pour digérer facilement ces éléments étrangers (il faut trente ans pout faire un Afrikander), rien qui ressemble moins à cet influx normal que le torrent humain rué sur les traces du premier mineur heureux. Brusquement, deux cent mille étrangers, attirés par l'appât du « fabuleux métal[1] », s'abattent sur le continent noir, sur un point de ce continent, et ce point est dans les frontières du Transvaal[2].

1. Sur 1.200 millions d'or extrait des entrailles de la terre, en 1897, le Transvaal figure pour 260 millions environ, soit plus du cinquième.

2. Il y a encore des hommes qui se souviennent d'avoir vu — plaine stérile et déserte, — l'endroit où se dresse aujourd'hui le grand camp minier de Johannesburg, et d'y avoir arrêté leurs chariots et dressé leurs tentes. C'est l'histoire qui recommence :

Hoc quodcumque vides ubi nunc maxima Roma est,
Campus et herba fuit...

« Ici nous retrouvons les types multiples et divers

Pour nous faire une idée du cataclysme dont ce petit pays est victime, intervertissez les rôles, et imaginez — dit un écrivain que nous aurons plus d'une fois l'occasion de citer, — l'invasion de l'Angleterre par quarante millions de Russes, d'Allemands, de Français, étrangers à l'Etat, indifférents à son avenir, et qui n'ont qu'un souci :

qui se rencontrent à travers le monde, partout où l'on découvre de l'or : le Chinois avec sa natte en queue de rat, le Cafre majestueux, le coolie hindou, le métis, toutes les nuances et les variétés des gens de couleur bien plus nombreux ici que la population blanche. Et cette population elle-même s'offre à nous sous des aspects non moins complexes. Parcourant les rues de Johannesburg, on serait tenté de se croire transporté hors de l'Afrique australe, dans quelque centre cosmopolite, situé dans l'une ou l'autre de ces régions où tous les peuples se rassemblent autour du monarque jaune. En un jour, vous avez affaire à toute l'espèce humaine : votre domestique est un cafre, votre blanchisseuse une mulâtresse, votre boucher un Hongrois, votre boulanger un Anglais, l'homme qui raccommode vos bottes un Allemand. Vous achetez vos légumes à un coolie hindou, votre charbon au Chinois du coin ; votre épicier est un juif de Russie, et votre meilleur ami un Américain. Et tout ceci n'est pas une description de fantaisie, mais bien la réalité prise sur le vif ».

(Olive Schreiner).

s'en aller après fortune faite ; imaginez que les richesses extraites du sol se concentrent en quelques mains ennemies de l'Angleterre, tombent au coffre-fort d'une bande de spéculateurs arrivés chez elle sans un sou, qui, les millions une fois tirés de sa substance même, les emploient contre elle, à corrompre son génie, à vicier ses institutions ; que ces étrangers, si la proie leur résiste, menacent leur hôte d'une intervention allemande, française, américaine. Imaginez cela, et vous comprendrez le cri amer qui monte de la terre d'Afrique : « Nous avons vendu notre droit d'aînesse pour un plat de lentilles. La terre, les richesses minérales qui devaient être nôtres pour bâtir la grande Afrique du futur, elles sont tombées dans des mains étrangères... et maintenant, ils frappent l'Afrique au cœur, d'un glaive doré avec l'or africain [1] ».

C'est la loi de la concurrence, peut-être. Mais, en face de cette loi qui permet toute attaque, il y

1. Olive Schreiner.

a la loi de conservation qui autorise la défense. Et quand on ne se défend pas comme on veut, on se défend comme on peut.

*
* *

Là est le secret de ce qu'on appelle la réaction krugériste. Devant un tel péril, la politique d'un chef d'Etat ne saurait être progressiste. Elle ne peut être que conservatrice, parce que c'est la seule manière pour elle d'être nationale. Et la preuve que la politique de Kruger n'est pas autre chose, c'est qu'elle rallie autour de lui tous les partis, et jusqu'à son rival personnel, le général Joubert.

L'oncle Paul — c'est ainsi que les vieux Boers nomment familièrement leur chef, — c'est aujourd'hui tout le Transvaal. En ce vieux paysan, de qui ses adversaires disent qu'il combine le culte des Écritures avec celui des boissons fortes, en ce descendant d'émigré, robuste et fin, ennemi du changement où il flaire un danger, se concentre tout ce qui fit la République ce qu'elle

est : bravoure, simplicité, rudesse, passion de
l'indépendance ; et tout ce qui veut la maintenir
telle qu'elle est. Il est la patrie contre l'étranger.

En face de lui, Chamberlain.

Si nous évoquons, en regard de l'immuable
Kruger, la changeante silhouette du politicien-
caméléon de Birmingham, ce n'est pas que le
plaisir nous tente d'un parallèle facile entre ces
deux personnages, qu'éclairent leurs contrastes :
c'est qu'ils sont les deux protagonistes du drame
en voie de s'accomplir, les deux facteurs du
problème en train de se résoudre, et que Chamberlain n'est guère moins représentatif de l'Angleterre actuelle que Kruger de la République
sud-africaine.

Quelle que soit l'opinion qu'on ait de l'assaillant — n'est-ce pas évidemment Chamberlain ?
— il faut admettre que ce radical-impérial jingoïste, froidement impétueux, incisif, souple et
tenace, mégalomane, charlatan, bluffeur, mélange
de Palmerston et de Beaconsfield, est une force,
en ce sens au moins qu'il est en parfaite harmo-

nie avec les aspirations de ses concitoyens et de son temps. Il a pris la première place dans un ministère où son titre le reléguait à la seconde, et tout naturellement. Il a magnifié son office, il est l'âme du gouvernement, étant mieux qu'aucun de ses collègues celle du pays. Avec l'anglo-indien Rudyard Kipling, il incarne le rêve de soixante millions d'Anglo-Saxons, répandus sur tous les points du globe, et, comme l'a dit exactement l'un de ses panégyristes, « il a enseigné au monde le sens commercial de ce mot : Empire, dont le poète lui révélait le sens émotionnel [1] ». On le sent à cette heure où l'ironique hasard, à ce personnage jeune, ultra moderne, ministre d'une puissance universelle, oppose un vieux paysan, chef d'une tribu de quatre-vingt mille fermiers chasseurs, campés dans le désert sud-africain. Quel duel pittoresque !

Entre le Transvaal, qui fait bloc autour de son Président, et l'Angleterre menée par Chamber-

---

1. *The Critic* (8 juillet 1899).

lain, des froissements devenaient inévitables. Ils se sont produits avant la rupture définitive. Le Raid, tentative privée et manquée de résoudre par la force le problème, n'a fait qu'en ajourner la solution en la compliquant. Il a aggravé la crise de rancunes et de méfiance, tendu les rapports entre les deux puissances sourdement ennemies. Kruger eut beau pardonner et oublier; il dut prendre des précautions qui éveillèrent des colères nouvelles. Et puis, qu'est-ce qu'une volonté individuelle contre la logique des choses? L'échec de Jameson et de Rhodes, en supprimant tout intermédiaire, laissait face à face le gouvernement de Downing-Street et le gouvernement de Prétoria. L'incident Edgar les mit aux prises.

Aux causes générales en voie d'agir, toute occasion est bonne. La révolution prête n'est pas difficile sur le choix du prétexte. Un mineur anglais tué par un agent de la police locale, le meurtrier acquitté par un juge boer, et voilà la guerre allumée. Guerre de plume d'abord.

En mars, 21,312 Uitlanders adressent une supplique à leur reine. Ils lui disent, en un long mémoire, leurs doléances : la tyrannie de l'oligarchie prétorienne et sa perfidie, les étrangers attirés au Transvaal sur la foi des traités qui promettaient « des droits égaux », l'oppression la plus vexatoire rencontrée au lieu de la liberté annoncée, le gouvernement d'une caste ignorante, la police sans frein, la minorité exploitant la majorité, l'Anglais réduit à la condition d'îlote par le Hollandais représentant la race supérieure, le pays trouvé pauvre et rendu riche [1], et pour prix du bienfait et pour suprême grief, résumant tous les autres aux yeux de l'Anglo-Saxon, « la taxe dont ils paient les cinq sixièmes, sans la représentation ».

Par cet appel, voici le gouvernement britannique officiellement saisi, et le gouvernement de

---

1. L'élément étranger paie, en échange du monopole de la dynamite, un tribut de 600.000 livres (15 millions de francs) au gouvernement de Prétoria.

Prétoria mis en demeure d'opter entre les réformes et la guerre. L'affaire est entrée dans le domaine international.

Elle est grave, sans précédents : le problème posé devant la petite République est nouveau dans l'histoire des peuples. Il ne peut pas plus être résolu à l'aide des principes que par des analogies. Certes, la formule de Chamberlain est magnifique : « Droits égaux pour tous les blancs du Cap au Zambèze ». Mais combien dérisoire dans sa généralité, quand on tente d'en faire l'application au cas présent, et combien dangereuse ! Elle se réclame des idées de liberté en honneur chez les peuples civilisés, et qui serait la règle de l'Angleterre dans ses rapports avec l'étranger établi chez elle, ou dans ses colonies : que l'étranger la traite comme elle le traite ; la réciprocité, rien que la réciprocité. Vain sophisme ! dans quel autre pays et dans quel autre temps vit-on minorité dans l'obligation de faire une loi de naturalisation pour une majorité ? L'Angleterre a beau jeu de réclamer, au nom d'une réciprocité fictive, le même traitement pour les Anglais au Transvaal que pour les Hollandais au Cap. Tiendrait-elle ce langage si demain un million de Bataves débarquaient à la baie de la Table ? Elle oublie quels cris elle poussa lorsque quelques milliers de juifs indigents — polonais ou russes — envahirent son territoire, et qui, pourtant, ne menaçaient guère son intégrité nationale. Les exemples empruntés aux nations dites libérales ne sont pas plus probants. La qualité de citoyen américain s'acquiert, dira-t-on, par deux ans de stage. Mais un citoyen américain n'est investi que d'un seize-millionième de la souveraineté publique. Le nouveau burgher obtiendra huit cents fois plus. Et cela fait quelque différence.

*
* *

« La franchise » c'est bien le nœud de la question sud-africaine. Tout le reste en dépend[1].Le haut-commissaire représentant de l'Angleterre au Cap, sir Alfred Milner, l'affirme : « Donnez à l'Uitlander une voix, et il se défendra lui-même ». Or, cette question, l'être ou n'être pas du Transvaal, il faut la résoudre sur-le-champ et sous la menace étrangère qui, sans l'alarmer, révolte ce petit peuple si jaloux de sa liberté. Par la voix de Milner, l'homme à l'esprit impérial selon Chamberlain qui s'y connaît, l'Angleterre presse.

Le 1er juin, le représentant de la reine rencontrait le président à Blœmfontein. La franchise fit les principaux frais de la conférence.

Sous le régime actuel, il faut quatorze ans pour devenir burgher. La naturalisation s'octroie deux ans après la demande ; l'éligibilité au deuxième Raad, deux ans après la naturalisation. On n'est pleinement citoyen que dix ans après. C'est la naturalisation à trois degrés.

---

1. Voir la lettre de Kruger au sénat américain (19 octobre 1899).

Qu'exige Milner? la naturalisation des Uitlanders au bout de cinq ans de résidence, dès qu'ils remplissent certaines conditions de moralité et de fortune et qu'ils ont prêté serment. Cette clause comporte la rétroactivité au profit de ceux qui, au moment de la promulgation de la loi, seraient déjà établis dans le pays depuis plus de cinq ans, c'est-à-dire leur donne droit à la représentation immédiate au premier Raad [1], principal rouage de la machine constitutionnelle, par qui sont votées, entre autres, les lois de finances. Ainsi cesserait le régime du bon plaisir auquel les immigrants, traités à tort en oiseaux de passage, ont été jusqu'ici soumis.

Qu'offre Kruger ? Il veut bien réduire à deux ans la première période du stage ou registration qui va jusqu'à la naturalisation, à cinq ans la

1. D'après la Constitution transvaalienne, la nation est représentée par deux chambres avec des attributions différentes et inégales : la chambre haute ou premier Raad, la chambre basse ou second Raad. En fait, le pouvoir se partage entre le premier Raad et le président.

seconde : total sept ans [1]. Au bout de la première période, et dès le lendemain de sa naturalisation, soit deux ans après sa demande, l'aspirant citoyen vote pour le second Raad. Ce système de la franchise non plus à trois, mais à deux degrés, qui rappelle de loin notre régime de la petite et de la grande naturalisation, n'est qu'un commencement de satisfaction accordé à l'Angleterre sur les deux points qui lui tiennent le plus à cœur, la rétroactivité et la représentation immédiate. Kruger ne cède qu'à moitié ; il admet seulement que les étrangers établis avant 1890 et qui se feraient naturaliser dans les six mois de la convention obtiennent la pleine franchise deux ans plus tard : ainsi la chambre haute ne s'ouvrirait à l'Uitlander que dans un délai de deux ans, au plus tôt, à partir de la convention.

---

1. Déjà, dans un discours manifeste prononcé à Rustenberg, le 27 mars, le président Kruger concédait la naturalisation de neuf ans. La conférence de Bloemfontéin marque une seconde étape dans la voie de l'entente.

3.

Ces concessions si judicieusement mesurées, Kruger n'entend même pas qu'elles soient gratuites. Elles doivent faire l'objet d'un marché avec l'Angleterre, qui s'engagerait en échange à autoriser l'incorporation du Swaziland [1] à la République, et à déférer à l'arbitrage ses litiges éventuels avec le Transvaal. Le nouveau citoyen devrait, d'ailleurs, remplir certaines conditions personnelles rigoureusement énumérées dans un tableau annexé au traité. Le président Kruger prend ses précautions ; avec un doux entêtement, il défend les abords de sa nationalité menacée. Il souhaite l'entente, il ne repousse pas tout changement, mais veut y procéder graduellement, avec une sage lenteur.

« Au contraire, réplique Milner, il faut faire vite. La réforme, pour être efficace, doit être prompte. Le mal naît de l'impuissance politique des opprimés. A ce mal, un seul remède : aider

. Territoire contesté.

les sujets britanniques à cesser de l'être, et cela
non pas demain, mais aujourd'hui, sans quoi
tous les dangers de la situation — locaux, colo-
niaux, impériaux — subsisteront. Or, qu'offre-t-
on ? Une promesse. Ce n'est pas assez ». — Et le
dialogue en reste là.

Une rupture semblait imminente. Dès le lendemain de la conférence, le gouvernement anglais
publiait la dépêche fameuse de Milner, en date
du 4 mai, réquisitoire passionné contre le Transvaal, qu'il dénonce comme un Pandémonium
populaire. Ce manifeste, qui sent déjà la poudre,
réduit à leur juste valeur les protestations pacifiques de son auteur et fait comprendre le dénoûment de la comédie de Blœmfontein. Le
26 juin, à Birmingham, le ministre, renchéris-
sant sur son agent, attaquait, dans un discours
d'une froide violence, le mauvais gouvernement
de Prétoria, « cette plaie toujours ouverte qui
empoisonne l'atmosphère de l'Afrique du Sud ».
Ce sont là propos à retenir ; ils donnent le ton
du débat, ouvrent un jour sur les intentions, dès

lors bien nettes, de la politique anglaise et sur son but.

J'entends bien que l'Angleterre cherche à donner le change, en rejetant la responsabilité de l'échec diplomatique sur le mauvais vouloir du Transvaal. A l'entendre, les craintes de celui-ci seraient chimériques ; nul ne menace son indépendance. La réforme qui n'eût octroyé le suffrage immédiat qu'à un dixièm eau plus de la population cantonnée sur les champs d'or aurait laissé à l'élément indigène sa prépondérance politique[1]. C'est d'ailleurs, une erreur, et nous ajouterons bien tory, de s'imaginer que les nouveaux électeurs, qui ne sont pas tous anglais voteront en bloc avec leur classe et voteront mal. Oui, mais écoutez d'autres voix : en Afrique, sir J. Gordon Sprigg, déclarant qu'il ne se conten-

---

1. La représentation des champs d'or était limitée dans le projet Milner au cinquième des membres du Parlement : « Qu'exigions-nous ? a dit Chamberlain, à Birmingham, une représentation d'un cinquième pour ceux qui sont la majorité ».

tera de rien moins que d'un droit de vote qui permettra aux Uitlanders de battre les Boers dans l'élection du président[1]. En Angleterre, écoutez un personnage d'ordinaire fort réservé, M. Balfour, neveu du marquis de Salisbury, le silencieux, émettre l'avis que les réformes doivent être telles qu'elles contiennent le germe qui fera du Transvaal une partie de la fédération sud-africaine anglaise.

Après cela, faut-il s'étonner si la victime désignée qui comprend ce langage — ou ce silence — garde la défensive ?

Elle ne se refuse pas pourtant à la discussion. Et la guerre qui semblait imminente fut ajournée et la conversation reprise.

C'est qu'en Angleterre même un contre-courant pacifique s'était formé et faisait momentanément

1. *Contemporary Review* (juillet 1899). The Conservatism of President Kruger (Herbert-Paul).

échec au torrent belliqueux. Le vieux parti libéral s'était retrouvé pour protester contre les excitations d'un jingoïsme brutal. Les héritiers de la tradition gladstonienne, au Parlement, ou dans la presse, un Bannerman, un John Morley, un William Stead, avaient dénoncé à leur pays le péril de la guerre. Ils prêchaient les réformes au Transvaal : home-rule pour le district minier, gouvernement municipal de Johannisburg, par exemple, — mais les réformes obtenues par les voies de douceur, la patience, la pression, voire le « Bluff ».

Le monde colonial lui-même, dont se réclamait le parti de l'action, était loin d'être unanimement belliqueux. L'émouvant appel d'une femme, Olive Schreiner, parlant au nom de l'Afrique Anglaise, avait retenti d'un bout à l'autre de l'Empire, trouvant de l'écho jusque dans la petite île. Cet appel de la pitié et de la prudence au sentiment et à la raison du peuple anglais, donnait à réfléchir aux politiques. « Prenez garde, disait la voix amie, ce que vous allez déchaîner en Afrique, ce n'est rien moins qu'une guerre de race. Qu'elle éclate, cette lutte plus que civile, et c'en est fait à jamais du beau rêve d'union presque réalisé. Vous lui porterez le coup fatal, le jour où vous mettrez l'Africain dans la nécessité cruelle d'opter entre ses deux patries. Son choix consommera le sacrifice définitif. Entre les descendants des victimes devenus l'aristocratie africaine et leurs vainqueurs, vous mettrez le fossé de sang infranchissable. En massacrant une race, vous isolerez l'autre.

« Rappelez-vous le passé, les prières de Washington et de Franklin, tentant de vous sauver un empire malgré vous, et l'entêtement du Tory North, et l'Amérique perdue. Ici, sans doute, vous vaincrez, dans ce duel inglorieux du plus vaste empire du monde, dressé de toute sa grandeur contre un peuple de trente mille fermiers. La force, d'ordinaire, l'emporte. Et pourtant.... Je me souviens, d'avoir vu un chat minuscule attaqué par un mastiff, dont il n'atteignait pas le genou. Je l'ai vu disparaître dans la gueule du chien et je l'ai cru mort. Mais il enfonça ses dents aiguës dans la gorge de son ennemi, et le mastiff le lâcha, et hurlant, couvert de bave, je le vis s'enfoncer dans un trou de la rouge terre d'Afrique [1]».

Que les « Propos de Saison » d'Olive Schreiner n'étaient pas tout à fait propos en l'air, le ministère Salisbury et l'irrépressible Chamberlain lui-même, n'en pouvaient douter. Ils en avaient des signes nombreux. Ils savaient que le sentiment hollandais, d'un bout à l'autre de l'Afrique, était sympathique à Kruger, et nettement pacifique [2]; que Natal [3] et le

1. Olive Schreiner.

2. Interrogé par le Comité sud-africain des Communes, M. Schreiner, aujourd'hui premier ministre du Cap, ne cacha pas que la population hollandaise de la colonie, sans se solidariser avec les krugéristes, se rangerait au moins moralement avec le Transvaal, si on employait la force contre lui.

3. Le 2 avril, le gouverneur de Natal télégraphiait à M. Chamberlain pour lui accuser réception d'un document ayant le caractère d'un ultimatum adressé au

Cap [1] avaient officiellement protesté contre une politique agressive, que l'Etat libre d'Orange ferait cause commune avec la République-sœur attaquée ; ils pouvaient redouter, même contre les blancs divisés, un retour offensif de la barbarie noire, avec toutes ses horreurs.

C'étaient là de sérieuses considérations. Une guerre est une aventure où l'Angleterre ne se lance qu'après s'être posé deux questions : que coûtera-t-elle ? que rapportera-t-elle ? Les profits éventuels de l'opération militaire ne paraissant

président Kruger. « Les ministres, ajoutait la dépêche, sont partisans d'une politique de paix, en présence des effets désastreux qu'aurait une guerre de race, et du risque de provoquer un soulèvement indigène dont les conséquences ne sauraient être évaluées ».

1. Quelques jours plus tard, une adresse fut présentée à lord Rosmead, par soixante-cinq membres de la législature du Cap, le priant d'informer M. Chamberlain que ce serait seulement par une politique de patience et de mutuelles concessions qu'on maintiendrait la paix dans l'Afrique du Sud.

Ainsi le Cap et Natal ont protesté contre la politique de force.

pas encore clairement ⸢supérieurs aux pertes possibles, l'Angleterre continua la conversation, la main sur la garde de son épée.

*\
* *

Ce serait une attitude singulière chez un négociateur qui voudrait vraiment la paix. Aussi nous faut-il croire que John Bull, au fond, n'en voulait point et qu'il ne prit le ton rogue que dans l'espoir machiavélique de prévenir telle suprême concession qui rendît la guerre impossible[1]. Tout au cours de l'été, sa diplomatie donna la comédie au monde. Nous n'en suivrons pas toute l'intrigue, et nous nous dispenserons d'en noter toutes les péripéties et tous les épisodes. Il suffira,

1. La politique de Chamberlain, c'est la politique déguisée d'annexion, indigne d'un grand empire ; c'est la politique d'Achab convoitant la vigne de Naboth. » (*Critic :* The liberal forward position, P. W. Clayden).

ayant indiqué le point de départ, d'en marquer le point d'arrivée, celui où viennent aboutir ces longs, laborieux et stériles pourparlers.

De concession en concession, le Transvaal s'est singulièrement rapproché de son adversaire. Il a retiré la plupart des conditions irritantes : il n'exige plus le Swaziland, ni l'arbitrage ; il a simplifié la procédure ; il admet une certaine rétroactivité en matière de résidence, et la représentation immédiate. Le nouveau régime qu'il propose a perdu son inflexibilité première, et, devenu élastique, s'adapte aux diverses hypothèses que comporte le cas. Précisons : les Uitlanders établis au Transvaal, avant 1890, auront la « franchise immédiate » et complète ; ceux dont l'établissement remonte à 1891 l'auront un an plus tard, ceux de 1892, deux ans plus tard, et ainsi de suite ; les nouveaux venus, sept ans après leur installation constatée dans le pays. Avec le projet Milner, tous les arrivants depuis 1897 seraient « enfranchisés en 1902 ». Avec le dernier projet Kruger, ils le seraient en 1904. Avec le projet Milner, les nouveaux venus seraient citoyens dans cinq ans. Avec le projet Kruger, dans sept ans. Le Boer tient bon sur ces sept ans. L'Anglais ne veut pas démordre des cinq ans. Le désaccord porte sur deux ans. Ces deux ans sont la pierre d'achoppement des négociations. Dès lors, on prévoit l'issue : Chamberlain aura beau jouer à la modération, feindre d'en déférer à une commission de jurisconsultes sud-africains. Sous les paroles de paix perce de plus en plus l'intention belliqueuse.

* *
*

Le Transvaal est allé loin dans la voie de la conciliation ; il a prouvé sa bonne volonté. Quelques optimistes trop enclins, sans doute, aux illusions rétrospectives regretteront qu'il n'ait pas fait un pas de plus et tenté la solution franchement libérale. Qui sait pensent-ils, si ces Uitlanders, prétendus adversaires irréductibles d'un État dont ils étaient exclus, n'auraient pas abdiqué

leur hostilité en y entrant ; si, traités en amis, ils
ne le seraient pas devenus ? Le principe libéral
est un magicien capable de faire des citoyens
loyaux avec des sujets mécontents. Il a accompli
d'autres miracles dans le monde. On sait son
œuvre au Canada, en Australie, au Cap même...
Aurait-il été moins heureux au-dessus du Vaal
qu'au-dessous ? Et si cette concession suprême
n'avait pas désarmé l'Angleterre, elle l'aurait
démasquée.

Mais cela était presque superflu, car elle ne
cachait plus guère ses desseins. Le courant belliqueux, un instant contenu, avait pris le dessus,
balayant toutes les résistances. Au cours de cet
énervant dialogue, les passions chauvines, habilement chauffées, avaient grandi. On raillait et on
outrageait les partisans de la paix [1], les Boers

---

1. Une feuille qui représente bien l'opinion publique
dans sa masse, le *Referee,* journal plutôt sportif que politique, le *Referee* écrit : « La devise des vieux tories était:
Bière et Bible ; celle des nouveaux radicaux est : Boers
et Bible ».

anglais, les Boers de Fleet street, les sans-patrie, — reconnaissons cet air, — les Little-Englanders comme Charles Beresford, qui trouvent l'Angleterre trop grande et encouragent l'ennemi en lui représentant le pays comme divisé, alors qu'il est unanime. On accueillait à coups de pommes et de noix leurs meetings de guerre civile. Les impérialistes, les jingoïstes, les mangeurs de feu éclatent : « Assez d'atermoiements ! il faut en finir une bonne fois avec ce gouvernement ignorant et sectaire. Qu'on le change ou qu'on le retranche ! (*Let it be mended or ended*). Trop longtemps on se laissa berner par la clique de Prétoria, sous prétexte de ne pas compromettre l'union en réveillant les haines de race dans l'Afrique du Sud. Comme si elles n'étaient pas réveillées, ces vieilles haines, et par la tyrannie krugériste? Les Boers ont besoin d'une leçon ; on dit qu'elle nous aliénera les Hollandais du Cap. Mais ce n'est pas l'Angleterre au bras fort que le Hollandais déteste ; « il déteste qui il méprise[1] ».

1. Lettre d'un Uitlander au *Fornightly*.

A l'heure qu'il est, la question est posée entre le Boer et l'Anglais. Est-ce le Transvaal, est-ce l'Angleterre qui régnera sur cette vaste région de l'Afrique du Sud, « géographiquement, socialement, politiquement une [1] » ? Mieux encore, la crise est d'amplitude impériale. C'est le sort de l'Empire qui se joue aujourd'hui dans le continent noir. On évoque les dangers de la coercition ; la tolérance excessive est un danger pire. Ne voit-on pas que le monde colonial commence à s'étonner d'une si longue patience et à rire? Un jour encore de faiblesse, et il refusera l'allégeance à un Etat trop efféminé pour défendre ses nationaux contre une poignée de Boers, à un gouvernement « qui n'est qu'une coterie de vieilles femmes ». Il serait absurde vraiment qu'après avoir perdu ses colonies d'Amérique parce qu'elle fit une guerre injuste à ses propres enfants, l'Angleterre perdît l'Afrique

---

1. Sir Alfred Milner, dépêche du 4 mai.

du Sud faute d'avoir su se battre pour eux [1]. Et le sang de Majuba-Hill crie vengeance [2] ! »

La menace était claire. Lilliput n'attendit pas l'acte. Crânement, il s'est jeté à la gorge de l'agresseur géant. Il pouvait, dira-t-on, retarder la rencontre d'une heure, sauver peut-être le Transvaal, mais un Transvaal si différent du petit État libre qu'il y a cinquante ans, la troupe des fermiers chasseurs était allée fonder de l'autre côté de la rivière Vaal !...

Décidément, mieux valait les risques de l'explosion volontaire, avec la chance, du moins, d'engloutir l'ennemi dans son naufrage que la certitude d'une lente submersion.

Protestons contre l'iniquité, mais comprenons. Comprenons qu'elle fut ici seulement l'outil détestable d'une loi de l'histoire en train de s'accomplir. Un jour plus tôt, un jour plus tard, le Transvaal devait tomber dans les rets britanni-

1. *Fornightly*, juillet, voir l'article signé Diplomaticus.
2. *Nineteenth Century*, juillet. — Sir Sidney Shippard.

ques tendus autour de lui, non pas tant à cause de sa faiblesse matérielle que de son principe même qui le condamnait. Le temps travaillait contre lui pour l'Angleterre. Celle-ci s'est montrée trop pressée, voilà tout. Elle a pris, pour arriver plus tôt à son but, le raccourci de la force. Hâte superflue ! supposez-la patiente, respectueuse des droits de l'adversaire plus faible, désintéressée, humaine ; le dénoûment de la querelle n'en serait pas essentiellement modifié. Simple épisode d'un drame plus grand que ses acteurs, la guerre présente n'en saurait changer ni le caractère ni l'issue. Car ce sont moins deux peuples de puissance inégale qui se heurtent dans l'Afrique du Sud que deux âges de l'humanité, et le plus ancien doit succomber : d'où la grandeur singulière de ce duel significatif. Bien que, depuis l'ouverture des hostilités, il ait déjà réalisé la prophétie de son Président en étonnant le monde par la vigueur de sa résistance, le Transvaal, même victorieux, d'aventure, sur les champs de bataille, et par cela seul qu'il représente le passé

serait vaincu par sa conquête, et il en devien-
drait la proie. Supposez l'Angleterre chassée
d'Afrique, perdant l'Empire par contre-coup de
ce désastre : son génie. qui est le génie moderne,
triompherait tout .de même sans elle, dans le
sud du continent noir, contre le petit Etat archaï-
que qui perpétue miraculeusement un cycle clos
de l'histoire humaine. Cette république de ber-
gers et de chasseurs, à la fin du xix⁰ siècle, était
un pittoresque anachronisme. Elle pouvait subsister, à la condition d'être isolée. Tout contact
avec le monde nouveau devait lui être fatal. Une
loi d'évolution qui ne connaît pas les bonnes ou
mauvaises fortunes de guerre veut qu'aux prises
avec la civilisation industrielle, la civilisation
pastorale et patriarcale succombe.

Du jour où le pâtre boer, égaré dans le Veldt,
buta sur une pépite d'or, sa ruine était inévita-
ble ; elle pouvait être sans gloire ; il l'a voulue
héroïque.

Janvier 1900.

A WESTMINSTER

A WESTMINSTER

A relire, après les avoir entendus, les débats
de l'adresse, vieux de quelques semaines (1), on
éprouve la même impression que devant unepage
de l'histoire parlementaire anglaise, contemporai-
ne de la guerre de Crimée ou de l'épopée napoléo-
nienne.Même grandeur ici etlà; même objectivité,
dirai-je, et même éloignement. Ces hommes qui
parlaienthier,leursdiscours,les événements qu'ils
commentent, tout cela nous apparaît « très loin
dans le passé ». Et cette illusion par qui s'identi-

1. (Avril, 1900).

fient dans notre esprit des situations tragiques analogues, n'est, sans doute, que le phénomène d'optique abolissant vallons et plaines entre les sommets nivelés. Mais elle s'explique encore par ce fait que, depuis un mois, la face des choses a changé et que, lors des débats de l'adresse, nous étions, nous, ailleurs.

Dans cet ample théâtre qu'est l'Empire britannique, l'Afrique était la scène, dont le Parlement n'était que les coulisses. Rien d'étonnant si le parterre hypnotisé au spectacle du duel qu'éclairait là-bas le soleil africain, n'a écouté que d'une oreille distraite ce qui se disait à la cantonade. Le drame de la brousse faisait tort à l'intrigue parlementaire. On n'en saisissait pas le lien. Dans la réalité, celui-là, plus tragique, et celle-ci, non moins grave, ne sont que les deux parties d'un même tout.

Aujourd'hui, le canon de Ladysmith s'est tû qui couvrit longtemps la voix de Westminster. Le rideau est tombé sur le second acte; le troisième acte commence à peine. l'instant est propice, peut-être, à un bref retour en arrière.

Il y a un intérêt puissant et divers — et qui n'est pas seulement rétrospectif, — à fixer cette heure fugitive du parlementarisme anglais, plus grosse d'avenir que vingt ans d'existence normale ; d'abord, c'est une façon de revivre les émotions récentes, de refaire par le dedans, et pour ainsi dire dans son contre-coup intime, cette campagne où nous avons vu l'Angleterre frôler le désastre et se relever d'un bond.

Mais une pareille crise d'angoisse, que suit une folle détente d'allégresse, n'est pas sans laisser des traces profondes. Capable de précipiter l'évolution, elle peut aussi modifier l'orientation d'un peuple et agir durablement sur ses destinées. La nature courbée avec violence se redresse avec une violence égale et qui peut être meurtrière. N'aurait-elle pas cette action décisive et immédiate, qu'une semblable secousse aurait encore pour effet de mettre à nu, dans l'incoercible désordre d'une émotion première, le ressort secret de l'énergie nationale.

De telles secondes sont rares dans l'histoire d'une race si bien maîtresse d'elle-même : à l'observateur de les saisir au vol.

*
* *

Situons les débats : les nouvelles d'Afrique continuent à être mauvaises. Nous sommes au lendemain de Spion-Kop; Ladysmith, Kimberley et Mafeking sont toujours assiégées. Buller est tenu en échec sur la Tugela : l'armée de lord Roberts s'organise précipitamment, la révolte gronde au Cap ; l'Europe assiste hostile et railleuse aux transes de l'Angleterre. A Westminster, on discute la réponse à l'adresse incolore, optimiste et larmoyante de la Reine, au Parlement.

L'opposition prend naturellement l'offensive : c'est là un avantage initial. Mais cet avantage est neutralisé par l'inégalité des forces aux prises et par la volonté même de l'assaillant. En dépit de ses fautes individuelles ou collectives, des soupçons qui s'attachent à l'un de ses membres compromis dans l'aventure Jameson, et de quelques défections sensationnelles parmi ses troupes, le cabinet Salisbury mis sur la sellette, traité en accusé, oppose à l'attaque la masse impénétrable d'une majorité compacte et disciplinée qui s'étaie elle-même sur l'opinion du pays. Pour le terrasser, le parti libéral est trop faible — d'une faiblesse qui n'est pas numérique, mais morale : le pourrait-il qu'il ne le voudrait point encore. Il ne se soucie pas d'assumer à cette heure la lourde tâche de succéder au cabinet conservateur et à ses responsabilités : un tel héritage, avec son passif excédant l'actif, ne le tente pas. Toute son ambition présente et sa tactique se borneront à mettre en relief les fautes du gouvernement, à en prendre acte pour l'avenir. Il ne s'efforce pas tant de le renverser tout de suite, que de l'ébranler. Mais, à cette tâche, le formidable tremblement

5.

de terre qui secoue le monde britannique suffit, et les manœuvres savantes des politiciens ne semblent plus, à côté, qu'un jeu dérisoirement superflu.

Ainsi, dès l'abord, il apparaît que ces débats seront dépourvus de sanction, du moins de toute sanction pratique immédiate.

Cette absence de sanction possible les caractérise : ils ne pourront être qu'une discussion académique. Encore cette joûte oratoire, pour platonique qu'elle soit condamnée à rester, pourra-t-elle s'élever à de grandes hauteurs d'où verser une lumière utile sur les obscurités du vital problème posé devant l'Angleterre et le monde, Et la discussion, sans doute, s'élèvera parfois emportée au coup d'ailes des grandes passions publiques, au-dessus des régions de l'intrigue et de l'intérêt, mais pour éclairer surtout le néant de la politique dite libérale. La rhétorique de ses champions, suivie dans l'inconséquence jusqu'à en devenir éloquente, ne réussira pas à masquer la faiblesse de la position qu'elle s'est choisie ni

le vice de sa tactique. A la serrer de près, il faut
bien constater que sa critique se contredit et
s'annule : à mots le plus souvent couverts, elle
reproche au cabinet d'avoir entrepris une guerre
malhonnête, elle le blâme âprement de l'avoir
conduite sans vigueur, elle l'autorise expressé-
ment, elle l'engage tacitement à la continuer...
Etrange cacophonie ! et comme on sent que
le chef d'orchestre, le « grand vieillard » n'est
plus là !...

Ecoutez quelques notes individuelles.

Voici sir Henry Campbell Bannermann qui
mène l'attaque : « Lorsque j'étudie les circons-
tances qui ont précédé cette guerre, lorsque je
vois l'esprit dans lequel le gouvernement de Sa
Majesté a abordé le grand problème sud-africain
et lorsqu'enfin, après avoir rendu les hostilités
possibles, je vois comment le gouvernement s'y
est préparé, il faut bien que je condamne une
pareille façon de diriger les affaires du pays ».

On ne saurait rêver plus large mouvement d'offensive, ni formule de blâme plus compréhensive

que celle-ci qui enveloppe, à la fois, la conception et l'exécution de la guerre. Trop large mouvement peut-être et trop compréhensive formule qui, tout à l'heure, vont laisser passer à l'ennemi.

Mais sir Robert Reid serre le gouvernement de plus près : « Il n'y a pas la moindre preuve que ces hommes aient jamais eu l'ambition de nous chasser du Sud de l'Afrique... Cette prétendue ambition des Boers est un mythe ».

Et vous attendez la conclusion pacifique. Mais la conclusion ne vient pas ; au contraire.

« Nous savons opposer au danger commun, un front uni », déclare M. Asquith ; sur quoi sir Edward Grey surenchérit : « Nous sommes prêts à vous donner tout ce qu'il faudra pour aller jusqu'au bout ».

En quoi ce langage diffère-t-il tant de celui qu'aurait pu tenir un conservateur ? Haussez le ton, ajoutez un air de bravoure au drapeau et vous avez le couplet Tory. Sous le blâme obligatoire du mot, perce l'approbation honteuse de la pensée, si bien que tout se brouille, qu'on a la sensation confuse que libéraux et conservateurs ne sont pas aussi loin les uns des autres qu'ils voudraient le faire croire, que, s'ils se battent encore, c'est peut-être pour la galerie : et quand le même Asquith déclare que « sur le terrain de la continuation de la guerre, il ne saurait y avoir qu'un Parlement uni comme il y a un peuple uni », on ne voit plus même pourquoi ils se donnent la peine de ce simulacre et ne lèvent pas plutôt la séance, puisque aussi bien, sur l'essentiel, tout le monde est d'accord, à part quelques Irlandais irréductibles, quelques radicaux incorrigibles, et deux ou trois conservateurs grincheux, comme ce Clarke, qui s'entête à répéter « que la guerre est injuste ».

Dépouillez l'argumentation libérale de ses fleurs, qu'en reste-t-il ? la dénonciation d'un crime, la dénonciation de beaucoup d'erreurs ; le conseil, pour réparer les erreurs, d'aggraver le crime.

En face d'adversaires qui se tirent ainsi dans le dos les uns des autres, le gouvernement n'a d'abord qu'à se croiser les bras, et à regarder faire sa besogne, en marquant les coups. Que l'attaque se rapproche, et il aura la partie belle. Ce n'est pas à des maîtres de l'escrime parlementaire comme Balfour ou Chamberlain, que l'adversaire offrirait impunément de telles chances. D'un simple geste, le premier a écarté la pointe. « L'opposition nous reproche de faire une guerre injuste et de n'envoyer pas assez de troupes : que l'opposition s'entende ». Et le geste a découvert le défaut de la cuirasse libérale ; à Chamberlain de toucher. C'est à lui d'abord et principalement qu'on en veut. De toutes les pointes tournées contre lui, il fait comme un faisceau, qu'il enveloppe de sa parade, suivie d'une riposte victorieuse : « Il me semble que l'opposition est divisée... J'admets que la guerre soit injuste ! Pourquoi l'opposition n'a-t-elle pas le courage de ses convictions ? Pourquoi ne vote-t-elle pas contre la guerre ? » Et tout de suite le coup droit : « Je ne crains pas de dire que cette guerre est une guerre juste ».

Enfin, la conclusion hautaine : « Il n'y aura pas, cette fois, une solution comme la solution de Majuba ».

Qu'opposer à cette vigoureuse contre-attaque ? Lorsqu'on a déserté soi-même le terrain des principes pour le sol mouvant des intérêts de parti et des contingences, il faut bien évacuer la position qu'on occupe, et, faute d'une idée forte où s'appuyer, pour livrer une grande bataille, se réfugier dans la brousse d'où l'on peut, sans danger, tirer sur l'ennemi ministériel.

Précisément, l'histoire du Raid (1), avec ses fourrés, ses chausses-trappes, ses dessous mal explorés par une enquête volontairement incomplète et aveugle, est là, qui offre aux troupes libérales en désarroi un terrain merveilleusement propice aux opérations de la petite guerre. Elles s'y cantonnent. J'entends bien que c'est au nom du droit, trahi ailleurs, qu'on prétend refaire aujourd'hui le procès de l'aventure sud-

(1) Voir l'histoire du Raid dans « Un Anglais d'Aujourd'hui (*Hommes et Choses d'Outre-Mer*, p. 355 et suiv.).

africaine, reprise dans ses origines et dans ses causes, promener la torche moins fumeuse d'une nouvelle enquête, sincère, celle-ci, jusque dans les plus secrets recoins de cette fâcheuse affaire. Pauvre diversion, en vérité, par laquelle le parti libéral, incapable de tenir la plaine, cherche à reprendre en détail l'avantage perdu en bloc, à donner le change sur son attitude.

L'unique effet de la manœuvre, c'est qu'elle déplace le débat qui oblique, se rapetisse, et, de querelle de faction, dégénère en querelle de personnes, pour tomber au scandale. Le ministère des colonies est aigrement pris à partie ; on exhume contre lui des télégrammes Hawksley, on cite la Chartered Company et Cecil Rhodes à la barre du Parlement, on remue toutes les boues anciennes, on se jette à la face les accusations infamantes, on se fait des blessures empoisonnées. Et c'est pourquoi là-bas, dans une bataille moins laide, les victimes s'entassent sur les victimes, et le sang s'évapore au rouge soleil d'Afrique.

* * *

Rendons justice à l'opposition : au cours de cette petite guerre, elle a souvent visé juste et frappé au bon endroit. Même, dans certaines minutes de généreux élan, elle a poussé des charges brillantes qui, sans entamer profondément l'ennemi, l'ont étonné et inquiété. C'est que le parti libéral, décapité par la mort de Gladstone, compte encore des talents individuels et des caractères, et que la brillante pléiade des lieutenants du Grand Old Man jette encore des clartés intermittentes.

Sir Campbell Bannermann est un honnête homme éloquent; sir William Harcourt est toujours le lutteur incisif qui va frapper à grands coups d'estoc et de taille ; Asquith excelle mieux que jamais à envelopper dans le filet de sa parole souple, amis et ennemis, si l'on peut dire de ce fin politicien qu'il ait seulement des adversaires. Tous ceux-là, et bien d'autres ont fait voir, au cours de ce tournoi, qu'ils n'avaient rien perdu de leur vaillance personnelle et de leur science parlementaire. Mais les dix lieutenants d'Alexandre ne font pas Alexandre. De la poussière gladstonienne, nul homme n'a surgi, dont on puisse dire : Voici le chef.

Sans chef, sans principes — marchant au combat sans l'espérance et même sans la volonté de la victoire, le parti libéral ne pouvait vaincre, et il pouvait difficilement éviter de mal tomber : or, sa chute n'a point été belle.

Ces quelques journées marqueront une date néfaste de son histoire. Même, à qui les regarde d'un peu loin et dans leur ensemble, elles s'affirmeront plus mauvaises que les révèle le résultat pourtant si éloquent du vote qui, sans les clôturer, les couronne : le vote du premier des vingt-sept amendements de blâme soumis au parlement, l'amendement Fitz-Maurice, repoussé par 359 voix contre 139.

Le désastre réel dépasse encore l'apparence.
Désastre matériel d'abord : commencée, il y a
quelque quinze ans, la désagrégation du parti
libéral s'y est accentuée. De plus en plus, l'aile
droite tend à se rallier au gros des forces con-
servatrices, à suivre l'exemple des soi-disant
Unionistes devenus, malgré leur étiquette libérale, plus Torystes que les Tories. L'aile gauche
extrême, très mobile et indépendante en tous
temps, a fait défection totale. L'événement
grave, qui s'est accompli au cours de la bataille
et passa relativement inaperçu, exercera une
influence considérable sur la marche future du
parlementarisme britannique. A l'instigation de
M. Redmond, les deux groupes irlandais récon-
ciliés se sont fondus en un même parti national,
et ont mis fin au schisme parnelliste. Petit
parlement local dans le grand parlement, les
représentants de l'île sœur ne feront plus que de
la politique irlandaise selon la formule du chef
qui en a si bien joué. Le parti anglais qui
voudra s'en servir devra les acheter, et nous

savons que, dans cette surenchère, les libéraux n'arrivèrent pas toujours premiers. Le faible lien qui retenait encore l'Irlande dans le camp de son bienfaiteur et de sa victime, Gladstone, est définitivement rompu.

Pire encore le désastre moral. Ces longs débats nous ont offert le spectacle pénible d'un grand parti historique qui s'abandonne lui-même et n'ose résister aux passions ambiantes. Une défaite, un désastre se répare : la faillite à l'idée, non, et c'est bien à un commencement de faillite que nous avons assisté. L'opposition s'est bornée à une critique négative de ses adversaires ; elle leur a reproché habilement leurs fautes, elle a dénoncé durement leur imprévoyance, leurs négligences, et la tâche vraiment était trop facile. Mais elle n'a pas bravement déployé son drapeau, opposé une politique à une politique. Tout ce qu'on est en droit de dégager de leurs censures, c'est que si eux, les censeurs, prenaient le pouvoir demain, ils feraient mieux que leurs prédécesseurs, mais ils ne feraient pas le contraire : d'où le simpliste, logiquement, conclura que, pour pratiquer une politique Tory, un Tory vaut au moins un Whig...

La lutte, sans doute, était inégale. Il ne dépendait pas de 150 hommes parlant le langage du droit et de la raison de triompher de toutes les passions liguées avec le point d'honneur... Du moins, si le présent leur échappait, pouvaient-ils songer à l'avenir, et, vaincus pour vaincus, perdre une autre bataille, conquérir un de ces désastres qui préparent les revanches. Quelle belle défaite ils ont manquée !...

*
* *

Et le vainqueur? Ici encore méfions-nous des apparences. Le ministère l'emporte à une écrasante majorité, mais ces journées aussi l'ont mis en fâcheux état. Assailli de toutes parts, Chamberlain, malgré l'habileté de son escrime défensive et la vitesse droite de quelques-unes de ses ripostes, a souffert. Les corps à corps, où la science est de peu, l'ont endommagé. Son impéritie et son arrogance ont été cruellement châtiées, et ses grands airs, et ses tirades indignées n'ont pas détruit tous les soupçons qui pèsent sur le complice moral de Rhodes. Balfour, moins engagé, a reçu plus d'un coup. Les succès faciles du ministre de la guerre, flattant l'orgueil jingoïste, ne balancent pas ses malheurs ; et quant au chef nominal du gouvernement, l'ironique marquis de Salisbury, son humour a été jugée insuffisante et intempestive, et il est apparu qu'il vieillissait. Pour des victorieux, la troupe ministérielle fait donc triste figure, et aura quelque peine à se remettre de son triomphe.

Ce n'est pas sur les bancs du gouvernement qu'il faut chercher le vainqueur ; il est un peu ailleurs, il est partout, dans ce vieux palais de

Westminster. Il s'appelle l'Empire. Ces longs débats ne furent qu'un hymne en son honneur, éclatant ou discret, selon l'étiquette de l'artiste en scène. C'est en son nom, au nom de l'Empire mis en péril par les folies guerrières du Colonial Office, que l'accusation parle, et c'est à lui qu'elle sacrifiera tout à l'heure ses scrupules et une parcelle de son honneur. C'est de lui que la défense se réclame, pour solliciter un nouvel acte de confiance et des efforts nouveaux. C'est lui qu'on glorifie quand on montre « les princes Indiens loyaux, les colonies pour la première fois serrées autour de la métropole dans le danger commun ». Le vainqueur, le voilà, dont le seul nom magique, comme un talisman, protège les hommes au pouvoir, et contre les suites de leurs fautes et contre les attaques d'un parti qui, pour lui donner l'assaut, a dû lui dérober son masque, parler sa langue ; mieux que cela, s'imprégner de son esprit, s'intituler et devenir le libéralisme impérial, si joliment et si justement défini par M. John Morley : « Un vin

Chamberlain sur lequel on a mis l'étiquette Rosebery ».

Et puisque nous parlons de Rosebery, passons des Communes à la Chambre des Lords. Ecoutez ces bravos qui partent de tous les points de la Haute Assemblée, quand lord Rosebery s'est rassis.

Celui qu'on applaudit frénétiquement, ce n'est pas simplement l'orateur inspiré, qui, en quelques traits sobres vient d'évoquer « l'avenir solitaire et fatal d'une Angleterre vaincue, perdant avec l'Afrique, mâchoire infernale qui broie sans cesse de nouvelles victimes », son « prestige » vital, réduite à s'enfermer dans ses îles, dont il a peur que toutes ne l'aiment point ». Ce n'est pas l'artiste prestigieux dont le verbe a fait luire sur la muraille le Mané-Thécel-Pharès de la patrie ; ce n'est pas seulement le chef de demain, le disciple, — combien différent, — de Gladstone, l'héritier présomptif d'un Salisbury vieilli et d'un Chamberlain discrédité, le Libéral-Tory, l'homme heureux à qui la fortune bienveillante épargne aujourd'hui le pouvoir, afin de le conserver à demain. C'est, avec tout cela et par-dessus tout cela, l'inventeur de l'Empire, son plus fervent protagoniste et son habile metteur en scène. C'est la figure même de l'Empire.

*
* *

Pour saisir le sens total de ces débats parlementaires, il faut se déplacer, changer de perspective, nous porter un peu au-delà, passer des jours de défaites aux jours de victoires, et du Parlement, dans la rue.

La rue, plus impressionnable que le Parlement ou le journal, exprime mieux l'âme du pays. Là, l'impérialisme pose le masque et se nomme le Jingoïsme qui diffère de tel chauvinisme, comme la susceptibilité d'une nation blessée diffère de l'orgueilleuse brutalité d'un peuple ivre de sa force encore invaincue. Après la série des jours mauvais, le succès soudain a provoqué une explosion de Jingoïsme, violent d'autant plus que la contrainte fut plus longue. Un accès de délire patriotique a jeté l'Angleterre dans la rue. La rue anglaise, grave et affairée, ou mélancolique, se transfigure soudainement par le coup de baguette magique de la victoire. A mesure que les bonnes nouvelles se succèdent en crescendo, Cronje captif, Kimberley, Ladysmith délivrées, elle se fait plus bruyante, plus pittoresquement expansive. Tout concourt à l'excitation publique, le Destin qui a le sens de l'à-propos et du mélodrame, quand il s'en mêle, a pris soin que la victoire de Roberts tombe le jour anniversaire de Majuba ! Dès le matin, une joie est dans l'air. Le ciel a beau être humide et gris, « le soleil est sur toutes les faces ». Le travail chôme, nombre d'établissements donnent congé à leurs employés qui vont répandre leur allégresse au dehors. Des titres flamboient aux en-têtes des gazettes, victorieusement déployées, aux devantures des boutiques, sur de gigantesques placards : « Jour de Ladysmith, Semaine de Majuba, Année de l'Empire ». De leur siège, les cochers vous sourient en agitant le vert *Evening News* ou la blancheur du *Star* comme des drapeaux. Des inconnus s'abordent en se disant : « Il est pris ».

Et parmi les éclats de la joie populaire, aux accents de la Rule Britannia chantant sur toutes les lèvres ou grisant avec le gin et le whisky nationaux, les cervelles jingoïstes de Londres et de la province, le Carnaval patriotique bat son plein, la kermesse insulaire s'achève en saturnales que l'histoire appellera : la nuit de Ladysmith.

Si cette joie avait uniquement pour cause que 40.000 Anglais conduits par le premier stratégiste du royaume ont capturé 4.000 paysans héros, et qu'une nation de 40 millions d'hommes est en voie d'exterminer un petit peuple qui a moins d'habitants qu'elle n'a de soldats en campagne, cette joie serait dégradante. En vérité, elle se justifie par une autre victoire. L'Angleterre a moralement vaincu l'Europe hostile qui la bafoua. Elle a, rien qu'en passant outre aux menaces et aux railleries, rayé du domaine des réalités vivantes, cette expression : l'Europe, dont on peut dire, plus justement que Metternich de l'Italie, qu'elle n'est plus que géographique.

Le lion britannique défie l'hostilité impuissante de ces grandes puissances qui s'imaginent avoir assez travaillé pour le « Droit par la paix », quand elles ont envoyé une douzaine de politiciens et de diplomates débiter leurs sornettes humanitaires autour d'un tapis vert, joué au croquemitaine avec les faibles, contraint, à grands renforts de bateaux, une petite île grecque à rester turque, offert une épée d'honneur à Cronje, poussé de quelques kilomètres leurs chemins de fer dans les steppes, fait leurs petites affaires et laissé faire aux dieux. Nul ne peut plus être dupe de ce jeu ; le spectacle que l'Angleterre et l'Europe donnent au monde, est une leçon de choses qui s'impose à l'esprit. En face d'un continent incura-

blement divisé, en proie aux soudards et aux rhé-
teurs, la petite île s'est dressée dans son splendide
isolement, confiante dans l'universelle lâcheté, et
dans son unité impériale démontrée, méprisante
des remontrances séparées de la force, irritée
des menaces vaines, et résolue à poursuivre —
quoi qu'il advienne, — le cours de ses destinées
hautaines.

On ne voit pas, dans l'état présent du monde,
qu'il lui en puisse rien advenir de fâcheux, du
dehors. C'est chez elle plutôt qu'est l'ennemi.

Son caractère national, formé à l'école de la
liberté qui fut sa vraie force et sa grandeur, est
attaqué à sa base même, par la crise actuelle.
L'Angleterre des Chatham, des Fox, des Peel,
des Bright et des Gladstone, l'Angleterre pacifique et libérale, est menacée de sombrer dans la
tempête qui l'emporte, après tant d'autres, parmi
les fumées de la fausse gloire, vers le gouffre
commun du militarisme.

Longtemps contenu, le flot a rompu les vieilles
digues tutélaires, il coule en ce moment à pleins

bords. Les chefs du parti libéral qui en pressentaient et déjà même en subissaient la violence, il y a quelques semaines, n'eurent point le courage de se mettre nettement en travers, et c'est tant pis pour le parti libéral et tant pis pour l'Angleterre. Le courage qu'il n'eut pas hier, comment l'aurait-il demain ? S'il faisait entendre une parole de justice et protestait officiellement contre « l'infamie de ravir leur indépendance aux deux Républiques », on lui répondrait, au Parlement comme on lui a déjà répondu dans la presse, « que John Bull ne permettra pas aux Boers vaincus de l'Angleterre, de dicter les termes de la paix qu'il offrira aux Boers vaincus de l'Afrique du Sud ».

Le parti de Gladstone n'a pas su lire l'heure sur l'horloge politique, « dont l'aiguille maintenant lui dit : Il est trop tard ».

Mai 1900.

L'AGONIE D'UN PEUPLE

L'AGONIE D'UN PEUPLE

La Chine relègue le Transvaal au second plan. Demain peut-être, avec ses pagodes, ses dragons, ses bonzes, ses trésors et tout son inconnu monstrueux, l'immense fourmilière jaune nous aura totalement divertis des deux petites peuplades dont les 200.000 habitants tiendraient dans un quartier de Pékin.

Hâtons-nous donc d'accorder un regard encore à l'agonie stoïque de cette poignée d'hommes libres, et notons-en les dernières phases — les dernières, selon les prévisions de notre courte sagesse si souvent jouée déjà par le caprice des faits. Car tout ne fut-il pas surprise dans cette aventure sud-africaine? Qui donc imaginait que deux minuscules Etats primitifs tiendraient tant de mois en échec le plus vaste empire du monde? Et, lorsqu'on put espérer que la fortune allait pencher du côté du droit, comme d'un brusque et naturel revirement, elle revint à la force! Puis l'écrasement a commencé, méthodique, inflexible, conduit selon toutes les règles d'une civilisation véritablement supérieure.

Nous ne voudrions qu'évoquer ici les péripéties les plus significatives ou les plus pathétiques, de cette fin de drame, fixer les traits les plus marquants de cette rare histoire pour le Plutarque futur, épris de beauté morale. Là-bas, dans la sauvagerie du veldt, un pasteur d'hommes au vrai sens du mot, et pour tout dire un chef, avec son peuple de citoyens, a ressuscité les scènes les plus fortes de l'antiquité, fait revivre la Grèce et la Rome de la bonne époque; des paysans, aux noms qui seront très hauts, de Krüger ou de Steijn, ont infligé une leçon de grandeur à tous les rois.

L'instant est propice à cette évocation, tandis que le lion britannique souffle après son grand effort, acère ses griffes, et se ramasse pour le bond suprême, sur la proie qui ne doit plus, cette fois, lui échapper.

*
* *

Pendant les trois premiers mois de la campagne, les Boers ont l'avantage, mais cet avantage reste en quelque sorte négatif, sans doute parce que leur tactique ignore l'offensive. Aussi bien, tout les en détourne, leur régime, la nature du sol, leurs habitudes, leur petit nombre, et raison plus haute, leur humanité alliée à une foi naïve. Les républiques ne sont pas des Etats militaires. Elles

n'ont pas d'armée permanente. Leurs généraux
n'ont pas été à l'école de guerre où l'on enseigne
les mérites de l'attaque. Ils sont tout bonnement
les élèves de la nature et du milieu, et le terrain
où ils évoluent fut leur grand maître en l'art de
conduire leurs troupes improvisées. Leurs chefs,
merveilleux derrière un kopje, et qui excellent
aux embuscades, ne connaissent et ne peuvent
connaître les opérations d'ensemble longuement
préméditées dans le silence du cabinet. La guerre
leur est une chasse pour la patrie, chasse plus
dangereuse que l'autre, voilà tout. Ils sont hu-
mains par calcul et par penchant, et l'offensive
qui rapporte de plus gros profits, coûte, ils le
savent, plus cher. C'est qu'eux, ils n'ont pas des
réserves inépuisables aux quatre coins du monde,
et que chaque Boer tombé laisse en leur rang
un vide qui ne se comble pas. Ils ne peuvent être
prodigues de la vie des hommes, et ils ne le veu-
lent pas. Leurs victoires ne leur ont jamais fait
perdre la tête, et Spion-Kopje n'a pas provoqué
parmi ces sauvages les orgies qui accueilleront à

Londres la nouvelle du premier succès britannique, au contraire. Au plaisir du triomphe se
mêle la tristesse du sang répandu et des deuils
causés là-bas dans les familles ennemies, parmi
les mères, les femmes, les sœurs des « Habits
Rouges » tombés sous leurs balles. Aussi, la joie,
dans la ferme, reste digne et muette, et comme
voilée. Passionnément épris de leur sol, ces paysans sont restés les chrétiens huguenots, attachés
à leur Bible, résignés à violer le commandement :
« Tu ne tueras point », pour se défendre, mais qui
voudraient le violer le moins possible, et sauver
leur patrie, au prix du moindre carnage.

Et voilà sans doute pourquoi ils se bornent à
repousser l'agresseur, comment les mois et leur
chance passent sans qu'ils lui aient infligé le
coup décisif qui terrasse. Cependant, les renforts
anglais arrivent, ils affluent ; la direction des
armées est confiée aux Lords Roberts et Kitchener, la fortune va changer de camp. Pendant
quelques semaines, elle semble flotter indécise.

A la fin de février, par la délivrance successive

de Ladysmith, de Kimberley, surtout par la capture de Kronje et de sa petite armée, la victoire
se dessine nettement en faveur des Anglais.
Pourtant, on peut prévoir que la lutte sera longue, coûtera encore de cruelles souffrances et la
perte de milliers de vies. Des bruits de paix,
d'intervention circulent. C'est le moment, qu'a-
vec un sens parfait de l'à-propos et une rare
dignité, choisissent les deux présidents Kruger
et Steijn pour lancer leur message à lord Salisbury. Les Anglais ont pris leur revanche, leur
prestige est sauf, et les Boers ne sont pas écrasés.
Les deux parties peuvent traiter avec honneur.
« Le sang et les larmes de milliers d'êtres qui ont
souffert de cette guerre, dit le message, font une
nécessité aux deux belligérants de se demander
sans passion et comme s'ils étaient en présence
de la Trinité divine, pourquoi ils combattent »,
et Kruger proteste de ses intentions : la République n'a jamais voulu que défendre son indépendance ; ce fut l'objet de la guerre qu'elle a entreprise malgré elle ; ce sera la condition de la paix,

la seule, avec « la promesse que les sujets de Sa Majesté qui ont pris part avec nous à cette guerre, ne seront molestés en aucune façon dans leur personne ou leurs propriétés ».

Et pour finir, cet argument qui décèle chez le rustre Boer une rare délicatesse d'âme : « Nous avons hésité à faire plus tôt cette déclaration parce que nous croyions qu'aussi longtemps que l'avantage serait de notre côté sans interruption, une déclaration de cette nature pourrait froisser les sentiments d'honneur du peuple britannique ; mais à présent que le prestige de l'empire peut être considéré comme affirmé par la capture d'une de nos forces par les troupes de Sa Majesté, nous ne pouvons plus hésiter à déclarer clairement à votre gouvernement et à votre peuple, en face du monde civilisé, pourquoi nous combattons et à quelles conditions nous sommes prêts à rétablir la paix ».

Ce langage n'est pas seulement généreux, il est politique. Il met l'Angleterre au pied du mur, et l'oblige à lever le masque. Son prestige, fondement moral de l'Empire, lui interdisait de traiter sous le coup de la défaite ? L'objection ne vaut plus, à présent qu'elle a vaincu. Elle pourrait, semble-t-il, conclure une paix honorable en laissant à son vaillant petit adversaire l'indépendance pour laquelle il avait si héroïquement combattu[L'Angleterre, nation chrétienne, entendra l'appel de la nation chrétienne, sa sœur en l'Evangile. Kruger s'en flattait-il vraiment ?... Que c'eût été mal connaître son adversaire dont le christianisme extérieur n'est qu'un moyen de gouvernement au service de fins nullement célestes, mais au contraire fort terre à terre. L'évangile que l'Angleterre pratique au dehors ne se met jamais en travers de sa politique, bien loin de là, il lui commande d'abord et partout d'arracher à la barbarie ses frères inférieurs, et elle obéit scrupuleusement.]Au généreux message des Présidents, lord Salisbury va donc répondre par un réquisitoire vindicatif, œuvre d'un procureur doublé d'un marchand, qui rappelle le passé pour en tirer des armes contre le vaincu, parle

« du redressement de certains griefs très sérieux,
but de la politique anglaise », reproche aux deux
Républiques « l'usage qu'elles ont fait de la situation qui leur avait été accordée », et conclut par
une fin de non recevoir froidement tombée du
haut du Foreing-Office comme le couperet de la
guillotine : « Le Gouvernement de Sa Majesté ne
peut répondre au télégramme de vos Honneurs,
qu'en disant qu'il n'est pas disposé à consentir
l'indépendance, soit de la République du Sud de
l'Afrique, soit de l'Etat libre d'Orange ». Et les
Communes, après la Chambre des Lords, d'ap-
plaudir la lecture de ce document.

Au fond, cette réponse n'est pas pour surpren-
dre les Boers, et ils y étaient préparés. Depuis
beaux jours, la presse d'Outre-Manche clamait
sur tous les tons que « l'indépendance des deux
Républiques était incompatible avec la prépondérance anglaise dans l'Afrique du Sud », et
qu'au différend actuel, il n'était qu'une seule
solution qui était « l'annexion ». De ce programme
bien arrêté, les Boers ont reçu maintenant la

notification officielle; leur démarche n'a cependant pas été vaine. Elle a démontré leur bonne foi, proclamé leurs intentions pacifiques, démenti la légende mensongère d'une conspiration hollandaise dirigée contre l'Angleterre, et dissipé toutes les équivoques. Le gouvernement de M. Chamberlain, de son propre aveu, fait une guerre de conquête. Il ne reste aux deux Républiques qu'à combattre jusqu'au bout. Et cette guerre, décrétée par le Foreign-Office, continue sans merci.

*
* *

C'est une succession de bonds en avant et de haltes. Après l'entrée victorieuse et prévue des Anglais à Blœmfontein (13 mars), un temps d'arrêt. L'armée envahissante s'immobilise tout un mois dans la capitale de l'Etat Libre. Pendant cette période, nul fait de guerre décisif à signaler.

Les deux adversaires soufflent. Lord Roberts avec l'inconscience d'un soudard qui ne connaît que le droit du sabre, a proclamé la déchéance du président Steijn. Mais les Boers ne se découragent pas; ils ont foi, toujours, dans la justice de leur cause, et foi dans son triomphe. « Dieu, leur dit Kruger, est en train de soumettre la nation Boer à l'épreuve ». Ils l'acceptent, non pas avec la résignation fataliste de l'Oriental, mais en hommes libres qui s'en voudraient de ne pas aider la Providence à leur propre salut. Leur capitale occupée, les Raads se réunissent à Kroonstadt et délibèrent, attestant que si le corps mutilé saigne par tant de blessures, le cœur n'a pas cessé de battre.

Et l'événement d'abord semble donner raison à cette mâle espérance. Un jour les commandos boers surprennent un détachement ennemi, au ravin de Koorn Spruit s'emparent de 6 canons et font 350 prisonniers. Le lendemain, à Reddersburg nouvelle capture de 5 compagnies, comptant 600 hommes. Un instant même, on peut croire que, par ce mouvement heureux accompli au sud de Blœmfontein, Roberts allait être coupé de sa base d'opérations. Mais ce sont là pour les Boers les derniers sourires de la fortune.

Pourtant, à Londres on s'impatiente. Les stratégistes en chambre, les tacticiens des gazettes ne comprennent pas que l'armée anglaise n'ait pas déjà soumis tout le Transvaal, et le crayon de Punch, enfant terrible du jingoïsme, exprime le dépit anglais dans un dessin plaisamment irrévérencieux : en un jardin de Blœmfontein, Roberts et Kitchener dialoguent ; à côté d'eux leurs casques guerriers, oubliés sur une malle, depuis longtemps sans doute, car ils servent de ruches à des essaims d'abeilles. Et lord Roberts soupire : « Quel charmant endroit, Kitchener... Si l'on pouvait s'y établir comme les réservistes ! Ce Prétoria doit être un pays surfait ».

Indifférent aux récriminations et aux railleries, lord Roberts, en chef qui ne livre rien au hasard, s'occupe de grouper et de réparer ses forces. Pendant les semaines d'une inaction apparente, il refait sa cavalerie, rhabille ses troupes, réunit une armée de 200.000 hommes. Le temps d'ailleurs travaille pour lui : Joubert, sur ces entrefaites, vient à mourir, usé par les fatigues de la guerre autant que par les années et la maladie, et avec lui, les Fédérés perdent leur meilleur général. Enfin, le 5 mai, au banquet de la « Royal Academy », lord Salisbury peut annoncer que « depuis quarante-huit heures a commencé dans « un pays lointain un mouvement gigantesque, « sous la direction d'un général victorieux ». Et, en effet, grâce à l'écrasante supériorité du nombre, lord Roberts renverse, ou plutôt tourne tous les obstacles qui s'opposaient à son passage. Comme un pesant rouleau broyant ou nivelant tout ce qui, sur sa route, se dresse ou résiste, l'armée anglaise progresse. La masse irrésistible passe à Bradfort le 3 mai, à Winsburg le 6 mai, à Kronstadt le 12 mai. Les Burghers sont complètement chassés de l'Etat libre d'Orange ; déjà l'on peut prévoir l'occupation prochaine de Johannesburg et de Prétoria.

8.

*
* *

C'est au milieu de cette crise suprême, en pleine lutte pour la vie, que le Volksraad est convoqué à Prétoria. Les représentants du Transvaal vont délibérer de leurs affaires sous le canon ennemi. L'Etat d'Orange avait donné l'exemple. Deux fois, en quelques semaines, les Républiques sud-africaines nous offrent ce spectacle sans parallèle dans notre histoire parlementaire. Aux plus pures manifestations de notre vie politique, se mêle toujours je ne sais quel cabotinage qui nous les gâte. On y sent que les acteurs parlent un peu pour la galerie qui les écoute. Rien de tel ici. C'est la simplicité de l'héroïsme qui s'ignore. Si l'on veut trouver à cette attitude des précédents, il nous faut remonter le cours des siècles, jusqu'aux cités de l'Hellade ou du Latium. Et vraiment ces Burghers ont l'allure antique. Le Sénat romain ne nous propose pas de plus fier exemple de calme vaillance que ne dépare aucune pose, que n'affadit nulle rhétorique. A cette minute significative, on saisit sur le vif et dans l'acte, le tout puissant ressort qui tend ces volontés et meut ces énergies, la passion grave de l'indépendance, cette foi capable de soulever le monde, mais non plus de sauver aujourd'hui les deux braves petits peuples qui ont vécu par elle et pour elle. N'importe ! la protestation reste, d'une souveraine noblesse, réponse et défi du droit à la force, d'autant plus fière qu'on la sent plus inutile. Laissons plutôt parler les faits :

Sur soixante membres dont se compose le Volksraad, cinquante environ sont présents. Çà et là, quelques places vides, celles des Joubert, des Kocke, celles des citoyens morts pour la patrie. A leur siège, des couronnes de lauriers éloquentes. Plusieurs représentants sont blessés.

Le matin, Kruger a présidé la clôture formelle de la session de 1899, interrompue par la guerre ; le chapelain a prononcé une prière, et l'assemblée s'est séparée.

Elle s'est réunie de nouveau, à deux heures pour l'ouverture de la session de 1900, et de nouveau, le président a parlé. En termes vrais et forts, il dit la vaillance de ceux qui ont succombé, loue la République d'Orange pour sa fidélité à la cause commune, montre l'Europe sympathique, et affirme une fois encore, sa confiance dans l'avenir. Et le Raad, sans plus de phrases, se met à l'œuvre. C'était le 7 mai.

Le 12 mai, jour de l'entrée des Anglais à Kronstadt, la petite assemblée se sépare, et, au moment où la clôture est prononcée, le président Kruger appelle sur son pays la protection du ciel : « O Dieu du Volksraad, s'est-il écrié en terminant, cela sera-t-il le dernier acte ? Non, n'est-ce pas ? Tu seras bon, tu fortifieras les justes. C'est nous qui sommes les justes ! ».

*
* *

Il semble bien pourtant que son Dieu l'ait abandonné. Mais le Caton africain, lui, ne s'abandonne pas :

Victrix causa Diis placuit, sed victa Catoni

Tout en invoquant le secours d'en haut, il n'a pas, d'ailleurs, négligé les moyens terrestres.

Dès les premiers jours de mars, la dépêche Leyds avait exposé le programme des deux Républiques qui se peut formuler ainsi : la paix comme fin, avec, pour condition, l'indépendance, par le moyen de l'arbitrage. Toute la politique boër tient dans ces trois termes. C'est pour la défendre que, le 13 mars, trois délégués Boërs : MM. Fischer, Wolmarans et Wessels s'étaient embarqués à bord d'un vaisseau allemand. Ils allaient implorer l'intervention de l'Europe et du monde en faveur des deux Républiques et solliciter un arbitrage sur les bases établies, à la conférence de la Haye.

Ils voguent vers les rivages d'Europe d'où leurs ancêtres persécutés, un jour, s'évadèrent vers la libre terre d'Afrique qu'ils ont faite leur et qu'on leur veut ravir maintenant. Dans leur ingénuité ignorante du vieux monde, ils espèrent. Il y a un prince puissant qui, dans une circonstance mémorable, leur lançait par delà les mers, une approbation scandaleuse, un prince qui se pique de chevalerie, à ses moments perdus, l'auteur du télégramme provocateur à Krüger : il y a de grandes nations qui prêchent le respect de la volonté des peuples et se sont donné pour mission historique de défendre le faible contre le fort ; il y a telle autre puissance qui a eu à se plaindre et croit avoir tout à craindre des ennemis du Transvaal ; il y a l'opinion enfin, l'opinion force motrice des démocraties, qui s'est prononcée clairement pour les Boërs contre les Anglais. De tous ces éléments combinés, le salut doit sortir !

Les pélerins du droit commencent leur tournée. Ils n'ont pas touché du pied le sol de ce vieux monde ruiné par l'égoïsme qu'ils ont reconnu leur erreur. Les peuples sont prodigues de sympathie, les gouvernants se réservent. Le Lohengrin couronné a oublié la fameuse dépêche, pour se souvenir seulement qu'il est le descendant de ce Hohenzollern dont le ministre répondait, un jour, à je ne sais quelle proposition de notre ambassadeur « qu'il fallait de la pâture à son oiseau ». Cette fois, on a jeté préalablement en pâture à l'oiseau, qui n'est décidément pas un cygne, quelques petites îles de l'Océanie ; peut-être lui en a-t-on promis d'autres. Il n'en a pas fallu davantage pour réduire au silence ses instincts chevaleresques. « L'Allemand doit se garder des aventures où ses ennemis héréditaires seraient bien heureux de le voir s'engager ».

Un autre, l'initiateur de la Conférence de La Haye, s'occupe à agrandir son empire trop étroit, à pousser de quelques verstes plus avant une voie ferrée qui doit faire pénétrer jusqu'au cœur et aux extrémités de l'Asie, les bienfaits de la civilisation russe. Il n'a pas le temps. Des tâches plus pressantes s'imposent à son attention, que de tirer le glaive pour une peuplade sud-africaine, ne serait-ce que de soumettre au plus vite la Mandchourie au nouveau régime de la Finlande. Le reste ne peut ou n'ose : c'est l'Europe. Qu'elle était grande, vue de Prétoria !

Mais les pèlerins vont. Tout au long de cette via dolorosa, dont chaque étape marque, avec la fin d'une illusion, un pas de plus vers la mort, ils gardent le sang-froid, cette noblesse sans phrase ni pose qui sont les traits de la race et que nous avons constatée ailleurs. La galerie s'étonne et admire. Dans cette mission qui ne pouvait être qu'infructueuse, « les délégués Boërs, écrit un témoin qui traduit le sentiment universel, font preuve d'une dignité et d'une discrétion extraordinaires ». Se refusant pendant leur passage en Hollande à toute interview, au moment de quitter la terre d'Europe, à Rotterdam, ils lancent un suprême appel — non plus à ce vieux monde

incapable d'un élan généreux, mais au nouveau :
« Nous allons au peuple américain qui constitue
aujourd'hui le plus grand facteur de la paix.
Nous allons en Amérique demander à la nation
de mettre fin à cette guerre fratricide, disposés à
soumettre le cas à son arbitrage ». La paix par
l'arbitrage, voilà les deux idées sœurs qui revien-
nent sans cesse dans tous les manifestes boërs,
l'espoir auquel ils se rattachent désespérément
depuis que l'Angleterre a repoussé les ouvertures
directes. Ils ne varient pas. Quel est le fort qui
aura le courage de juger entre le fort et le faible ?...

Ils ont abordé à New-York. Les voici à Washington. Le nouveau monde leur sera-t-il plus
favorable que le vieux ? Trouveront-ils des
appuis, des défenseurs chez ce peuple qui se
souvient d'avoir lutté pour son indépendance et
contre les mêmes ennemis ? Une solidarité morale
unit à travers le temps et l'espace, ces petites
Républiques fédérées à la grande fédération
transatlantique. « Les Américains comprendront

9

que l'Angleterre cherche à anéantir l'indépendance africaine, de même qu'elle a cherché sans succès, Dieu merci, à anéantir l'indépendance américaine au siècle dernier ». On a émis des pronostics favorables : *They will rouse the whole country*. « Ils soulèveront tout le pays ». L'instant semble propice, la période électorale est ouverte. Cette cause du Transvaal qui enflamme les imaginations est de celles qu'un parti adopte pour entraîner les masses. L'indépendance des Républiques sud-africaines, quel beau thème oratoire, et quel tremplin électoral ! Et, en effet, l'opposition qui se flatte de faire triompher son candidat aux prochaines élections présidentielles, offre aux délégués boërs un accueil enthousiaste. On les reçoit à bras ouverts, on les écoute, on les fête. Et c'est tout. Le parti au pouvoir, qui a la décision et la responsabilité, n'entend pas se départir d'une égoïste abstention : « MM. Fischer, Wessels et Wolmarans, disaient les premières dépêches, se sont rendus, cette après-midi au département de l'État et y ont été cordialement reçus, ils sont restés plus d'une heure avec le secrétaire d'Etat... M. Hay, en réponse, a cité les termes du président Mac-Kinley au Congrès, relativement à la volonté du gouvernement, de garder la neutralité ». La volonté nationale, au fond, est d'accord avec la volonté présidentielle. L'Amérique peut bien manifester, faire du bruit, être désagréable aux Anglais en acclamant les Boërs, mais elle n'en tend pas, pour cela, s'embarquer dans une aventure sentimentale qui n'est plus de son âge.

Le premier emballement passé, elle revient à la raison. « Il n'y a pas d'avantage pour les Etats-Unis, dit la presse sérieuse, à épouser une cause perdue ». On ne parlait pas mieux à Berlin, et cela traduit bien le sentiment des marchands de Chicago. Qu'importe à la richissime République industrielle et commerçante le sort d'un petit peuple perdu dans l'Afrique, et va-t-elle, pour l'amour du droit, se mettre sur les bras une méchante affaire avec une cliente de l'importance de l'Angleterre ?

La question africaine en Amérique, la question de vie ou de mort d'un peuple, n'a été dans la grande partie politique qu'un atout quelconque aux mains d'un des deux joueurs, une carte qu'il ramasse ou jette selon les fluctuations du jeu.

Aussi bien, fallait-il être né dans le Veldt pour se bercer d'autres rêves. Les délégués Boërs se sont grossièrement trompés : ils ont confondu l'Amérique de Washington avec l'Amérique de Mac-Kinley, sans prendre garde que les Américains, occupés à traiter les Philippines comme les Anglais traitent les Boërs, n'étaient peut-être pas qualifiés pour ce rôle de champions du droit. Toujours la même erreur d'optique, ce perpétuel mirage de la distance qui leur grandissait les nations et les hommes !

*
* *

La mission boër a échoué. Elle a recueilli des témoignages de sympathies platoniques, des mots et « pas le moindre grain de mil ». Les amis d'hier se sont dérobés. Une fois de plus, les Boërs expérimentent l'éternel : *donec eris felix...* Nul tiers n'élèvera la voix dans leur dialogue mortel avec l'Empire britannique. Ils restent seuls en face d'une Angleterre grisée par ses victoires, exaspérée du prix qu'elles lui ont coûté ; d'une Angleterre qui ne leur pardonne pas ses inquiétudes passées, ni d'avoir déterminé — comme le dit lord Salisbury dans un discours à la Primrose League, où sonne l'écho suprême des effrois insulaires, — « un de ces étranges « courants qui balayent l'Océan de la politique « internationale, et pourraient unir toutes les « puissances offensives qui s'accroissent chaque « jour et les lancer comme une grande vague « contre ces rivages ». Ils restent seuls en face de l'Angleterre, c'est-à-dire de M. Joe Chamberlain, qui jette le masque et promet « aux rebelles » le régime des Indes orientales !

Et seuls, ils ne peuvent que succomber dans un duel par trop inégal. Ce n'est pas l'épée de quelques preux jetée dans le plateau de la balance qui rétablira l'équilibre. Le nombre l'emporte. Lentement, sûrement, l'armée d'invasion, comme un flot débordant, après avoir couvert l'Etat Libre, s'est répandue sur le Transvaal. Tandis que le gros des forces étrangères pénétrait par le sud, un détachement s'introduisait par la porte qu'ouvrait à Beïra la complaisante lâcheté du Portugal, un neutre ! encouragé d'ailleurs par la tolérance des puissances, muettes devant cette dernière violation du droit des gens. Mafeking est délivré, et Prétoria occupé sans coup férir. Le héros de Mafeking, dont la longue résistance victorieuse prouve, en même temps que son courage, l'inaptitude de ses adversaires à la guerre de siège, le brave Baden-Powell associe, dans un toast vigoureusement imagé, Paul Krüger et Cecil Rhodes, parce que Paul Krüger a causé cette grande explosion du sentiment impérial, et parce que Cecil Rhodes a été le drapeau rouge qui excite le taureau et l'amène au combat. — « Eh bien, nous avons brandi le torchon rouge,

« et le taureau a foncé sur nous, mais il ne s'at-
« tendait pas à être entouré par une pareille
« masse de picadores et de matadores... Aujour-
« d'hui, le vieux taureau battu fléchit sur ses
« genoux... »

Et Baden-Powell dit vrai ; un instant, le Boër
fléchit. Il hésite, sous le poids de ses revers, en
proie à un découragement trop humain. Le malheur a failli diviser les vaincus, orangistes contre
transvaaliens, riches fermiers qui ont des biens
au soleil et voudraient les sauver du désastre au
prix d'une soumission qui ne serait que l'accep-
tation du destin, et citoyens pauvres, d'autant
plus acharnés à défendre le sol natal qu'ils n'en
possèdent rien. En même temps, un dernier scru-
pule retenait les Fédérés de détruire ces mines,
cause première, sinon unique, de leur malheur,
de renouveler à Johannesburg le geste de Moscou.
Certes, il était tentant et non dépourvu de beauté.
Mais ces sauvages à qui l'on prend tout ont,
entr'autres préjugés, le respect du bien d'autrui
et ils s'abstinrent.

Donc, un instant, la résistance a faibli. Brève défaillance. L'exhortation virile de Krüger les a remis debout, a fait passer en eux son indomptable résolution. Dans la montagne de Lydenburg, autour du chariot présidentiel, devenu le char de l'Etat, quelques milliers d'irréductibles ont formé le bataillon sacré de l'indépendance. Les autres luttent partout. Et, de nouveau, nuée d'insaisissables moucherons, ils harcèlent le lion britannique.

*
* *

La grande guerre est finie : la guérilla commence. Alors, s'ouvre cette série de surprises, d'embuscades, d'escarmouches où la victoire fuit toujours, où l'extrême mobilité des combattants donne l'illusion de la multitude. Après la mort de Joubert, après la prise de Kronje, des chefs nouveaux surgissent, dont les pointes hardies, les marches et contremarches à travers le Veldt déconcertent la vieille tactique anglaise : un Botha, un Delarey, un Dewet — Dewet surtout, le véritable héros de la lutte pour l'indépendance. la figure déjà légendaire de l'épopée sud-africaine. Entre la petite troupe qu'il commande et toutes les forces coalisées de l'empire, s'engage ce duel quotidien qui dure depuis des mois — et quel duel ! — une chasse où le gibier dépiste le chasseur, évente ses pièges, rompt ses cercles les mieux fermés, lui coupe la route, l'attaque, l'esquive et se moque du chasseur par-dessus le marché. Car Dewet apporte, dans cette lutte désespérée, une belle humeur, une verve agissante, et dirai-je, une malice qui fleurent le roman d'aventures et mettent les rieurs de son côté. Ne l'avons-nous pas vu, un beau jour, payant d'audace, se montrer tout à coup à Johannesburg, et là, offrir à boire aux volontaires de la Reine ?... Ce n'est qu'un de ses tours.

A ce jeu, John Bull s'irrite et voit rouge. La

guerre se poursuit avec une férocité nouvelle. Déportations en masse de prisonniers, complots de police imaginés pour justifier la sauvagerie de la répression, assassinats juridiques, incarcération des femmes, incendies des fermes, reconcentrados à l'espagnole, voilà quelques-uns des traits par quoi la guerre sud-africaine s'égale aux atrocités bulgares et cubaines, et Lord Roberts, au sinistre Weyler.

Honteux de ces procédés barbares, le War Office essayera de les nier d'abord ; puis, devant l'évidence, il s'imaginera justifier le crime en le décrétant : on pillait, on brûlait sans ordre ; on pillera et brûlera par ordre, et officiellement désormais. Mesure inutile : dans le dialogue qui s'engage entre Lord Roberts et Botha, celui-ci ne craint pas d'affirmer hautement que, bien que ce genre de représailles soit sans précédents dans l'histoire des guerres entre peuples civilisés, rien de ce que l'armée ennemie pourra entreprendre contre des femmes et des enfants inoffensifs, ne pourra réfréner l'effort du peuple boer luttant pour son indépendance (1).

Ainsi, la lutte tourne à l'extermination méthodique, et, tandis qu'une Europe aveulie assiste impuissante à ces horreurs, et se borne à manifester sa répulsion par les vivats enthousiastes dont fut salué le vieux Kruger, débarquant sur le sol français : *verba et voces, præterea nihil*, — celui-ci poursuit son douloureux pélerinage, sollicitant l'intervention des grandes puissances,

(1). Dialogue épistolaire de Lord Roberts et de Botha : Roberts : Toutes les fermes situées à proximité de l'endroit où une tentative armée aura été faite pour détruire la ligne ferrée ou pour faire dérailler un train, seront brûlées et, dans toutes les fermes et à une distance de 10 milles au moins d'un tel endroit, toutes les provisions, le bétail, etc... seront enlevés... — Botha : Je ne saurais être surpris de la nature des ordres que votre Excellence me dit avoir donnés; je savais déjà que des actes de barbarie sont journellement commis par les troupes sous vos ordres, et cela, non seulement à proximité de ces lignes, mais encore à de grandes distances du chemin de fer. Partout où opèrent vos troupes, des fermes ont été brûlées ou détruites à la dynamite, et des femmes et des enfants inoffensifs jetés dehors, dépouillés de tout, vête-

réclamant en vain l'arbitrage, et, au lieu d'actes utiles, ne recueillant que de stériles sympathies. Si les foules l'acclament, les chancelleries se taisent, les chefs se dérobent, l'Alcibiade Teuton, d'une dernière pirouette, étonne la galerie. Il n'est pas jusqu'au petit Portugal qui, jetant le masque de la neutralité, ne proclame, en face de l'Europe, son alliance avec l'Angleterre.

ments et nourriture, et sans qu'aucune raison admissible justifiât ce procédé. — Roberts : Je n'ai pas besoin de vous dire combien cette mesure m'est pénible, mais j'y suis contraint par l'intention manifeste de vous et de vos Burghers de continuer la guerre, bien qu'il ne puisse subsister aucun doute quant au résultat final. — Botha : Je suis fort peiné de devoir constater que notre résolution, à mes Burghers et à moi, de continuer la lutte pour notre indépendance, sera vengée par votre Excellence sur nos femmes et nos enfants. C'est le premier cas de ce genre dont j'aie connaissance dans l'histoire de la guerre entre peuples civilisés... mais je tiens à vous donner l'assurance que rien de ce que vous pourrez entreprendre contre nos femmes et nos enfants ne nous empêchera de continuer la lutte pour notre indépendance.

*\
* *

Et maintenant, le dernier mot est-il dit, ou, pour nous servir de l'expression de Kruger, le dernier acte est-il joué, et le drame aura-t-il pour dénoûment l'égorgement du vaincu par le vainqueur ? On l'aurait cru il y a peu de temps, mais aujourd'hui des faits nouveaux se sont produits qui semblent déconcerter toutes les prévisions. D'une part, des symptômes de lassitude, de dégoût, de rébellion, se manifestent parmi les troupes du corps d'occupation : c'est ainsi que nous avons vu récemment la yeomanry, c'est-à-dire la garde-mobile volontaire, réclamer à grands cris son rappel, et protester contre les faveurs accordées à certains fils de famille, protégés par la haute aristocratie. Quelques jours plus tard. le Parlement anglais recevait avec stupeur la nouvelle d'une sanglante et honteuse défaite : A Nooitgedacht, sur le Magaliesberg. les Boers faisaient 570 prisonniers, et tandis que Dewet entraînait à sa poursuite le général Knox vers le

Nord, une petite armée de trois à quatre mille hommes, franchissant la frontière de la Colonie du Cap, allaient porter la lutte chez ces Afrikanders qui, à Worcester, en un congrès retentissant, ont proclamé naguère leurs sentiments boerophiles. Qu'adviendrait-il si, passant des paroles aux actes, les sujets hollandais de la Reine se décidaient à grossir les rangs de l'envahisseur ?... Ainsi s'expliqueraient les paroles énigmatiques de Lord Salisbury, prononcées le 18 décembre, dans une réunion du parti conservateur : « Je parle à « un moment où l'on ressent quelque inquié- « tude... On ne sait pas exactement ce qui est « arrivé, mais on espère que la fin sera meilleure « que le début. Il faut pousser cette affaire jus- « qu'à sa solution et, — quoiqu'il en soit des « échecs et des succès du passé, — se rappeler « une seule chose : c'est que, de l'issue de cette « longue entreprise, dépendent la gloire et la « perpétuité de l'empire britannique, et qu'il ne « faut marchander ni les efforts ni les sacrifices « pour arriver au succès final ».

Cette guerre, si féconde en surprises, nous en réserverait-elle donc une plus grande que toutes les autres et, après avoir cru assister à l'agonie et à la fin d'un peuple, allons-nous être témoins de sa triomphante résurrection ? C'est le secret de demain, mais quoi que l'avenir tienne en réserve, ce que, dès aujourd'hui, on peut dire, c'est que cette petite nation, ou pour mieux dire, cette poignée d'hommes a fait preuve d'une incroyable vitalité, qu'elle a justifié, au-delà de ce qu'on aurait pu imaginer, la parole de son Président, disant que sa résistance étonnerait le monde. Oui, le monde est étonné ; ce vieux monde sceptique qui ne croyait plus aux miracles, s'arrête confondu devant le miracle de cette résistance héroïque. Kruger, ce patriarche, serait-il donc aussi un prophète ?

Janvier 1901.

AUXERRE. — IMPRIMERIE ALBERT LANIER

www.ingramcontent.com/pod-product-compliance
Ingram Content Group UK Ltd.
Pitfield, Milton Keynes, MK11 3LW, UK
UKHW022238120726
13694UKWH00003B/878